华夏智库
金牌培训师书系

植根中国企业、服务中国企业
与中国企业家共成长

大师智慧・原创经管

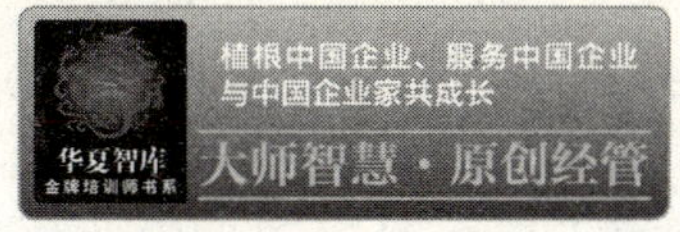

赚「犹太人」的钱

Earn the money of Jews

如何与精明人做生意

胡　珂◎著

11
华夏智库
金牌培训师书系

中国物资出版社

图书在版编目（CIP）数据

赚"犹太人"的钱：如何与精明人做生意 / 胡珂著. —北京：中国物资出版社，2012.1

（华夏智库·金牌培训师书系）

ISBN 978－7－5047－4125－7

Ⅰ.①赚… Ⅱ.①胡… Ⅲ.①商业经营 Ⅳ.①F715

中国版本图书馆 CIP 数据核字（2011）第 273341 号

策划编辑	范虹轶	责任印制	方朋远
责任编辑	丰　虹	责任校对	孙会香　饶莉莉

出版发行	中国物资出版社		
社　　址	北京市丰台区南四环西路 188 号 5 区 20 楼　邮政编码　100070		
电　　话	010－52227568（发行部）		010－52227588 转 307（总编室）
	010－68589540（读者服务部）		010－52227588 转 305（质检部）
网　　址	http：//www. clph. cn		
经　　销	新华书店		
印　　刷	三河市西华印务有限公司		
书　　号	ISBN 978－7－5047－4125－7/F·1647		
开　　本	710mm×1000mm　1/16	版　　次	2012 年 1 月第 1 版
印　　张	13. 25	印　　次	2012 年 1 月第 1 次印刷
字　　数	204 千字	定　　价	32. 80 元

《华夏智库·金牌培训师书系》编委会

前言

如果说生意场中大多数人都是精明的，相信很多人会毫无不犹豫地表示认同。也就是说，一旦做生意，我们十有八九都会与精明人打交道。那么，精明人究竟是怎样的呢？他们有哪些显著特点？我们应该如何与他们做生意才会更容易成功？带着诸如此类的问题，让我们一起来揭开精明人的神秘面纱，进而找到与他们做成生意的秘诀。

其实，无论从哪方面来说，精明人首先也是人。他们同样具有普通人的共性，他们也要生存发展，他们也有七情六欲。凡是人的各种情感欲望，他们样样不少。因此，我们要以平常的心态来看待精明人，既不要仰视他们，也不应鄙视他们，更不必害怕他们。基于这样的认识，当我们与精明人做生意时，也要遵循基本的常识和原则。比如，我们要了解他们的需求、明白他们的一些想法、清楚他们的兴趣爱好……这些是任何时候做生意都要熟练掌握和灵活运用的核心要领。而且，精明人也有与普通人相似的各种人性的弱点，也有虚荣心，也爱面子，等等。只要准确抓住了他们的这些个性特征，那么也就找到了与他们做生意“百试百灵”的重大突破口。

当然，精明人的确有他们的过人之处，例如他们通常思维敏锐细致，偏于理性务实，看重利益，有主见，深谙人情事理，有时可能比较滑头，善于使用“诡计”或设圈套，等等。正因为如此，与精明人做生意需要我们格外小心和充分提高警惕性。有时，要识破他们的一些不良企图，防止他们的"阴谋"得逞；有时，要与精明人展开针锋相对的"智斗"。可见，与精明人做生意需要付出更多心血和精力，需要具备超出寻常的智慧谋略，需要剑胆琴心般的缜密和魄力，这也正是许多人对精明人闻之色变或避之唯恐不及的原因所在。不可否认，在生意场上，精明人多数时候是比较难以对付的，或者说，一般人很难胜得过精明人。无疑，精明人从来都不是省油的灯，鉴于此，我才撰写了《赚"犹太人"的钱：如何与精明人做生意》这本书。在本书中，我从各个角度对精明人的需求特点等情况作了较为全面的剖析，而且以生动具体的案例来佐证，道理与事实相融合，读起来耐人寻味，会让你别有一番领悟。

相信通过本书，各位读者朋友将对精明人有更加深切详尽的了解，并从中学到与精明人做生意的实用诀窍。可以说，读过本书，你会懂得精明人并不像一般人想象得那么可怕；同时你以往对他们的一些误解将逐一化解。事实上，尽管精明人似乎有点"不可理喻"，然而只要你把握住与他们做生意的某些关键点，结合实际运用正确，那么你完全有理由期待在今后的生意中取得可喜的成效。

胡　珂

2011 年 11 月

目 录

第五章　比他更有耐心：比精明人多坚持一分钟

第六章　精明人很好“奇”：不走寻常路，出奇方制胜

第七章　谈判桌前的较量：与精明人巧妙过招

第一章

需求至上：满足精明人的重要需求

如何与精明人做生意？最重要的就是找到他们的真正需求。精明人也是人，他们的需求跟普通人的需求基本上大同小异。只要我们对精明人进行较为深入细致的分析，就会发现他们既具有平常人的共性，如崇尚权威、爱面子、有个人爱好等；同时他们也独具自身特点，如特别务实理性、对事物的分析判断敏锐、有主见等。在对精明人的这些特征有了足够了解之后，要找到他们的需求也就非常容易了。

让“总统”做你的促销员

几乎每个人都有信奉权威的心理倾向和需求，精明人亦然。而在生活中，“总统”代表着至高无上的地位、权威、声望和实力，在激烈的市场竞争中，如果善于借助总统或其他权威人士强大的名望，则能迅速打动精明人的心。因为精明人也信赖、爱慕和追捧权威人士的名望。如果能巧妙借势，那么你的生意将事半功倍、一路畅通，从而赚取最大限度的利润。

20世纪50年代，法国干邑白兰地厂商为了进一步扩大世界市场份额，把目光瞄准了潜力很大的美国市场。这时，美国市场上的意大利葡萄酒已经拥有了一定的优势，如何才能既不显山露水地宣传自己，又可以产生像广告那样的轰动效应呢？法国厂商为此颇费脑筋。他们特地聘请了一家著名的法国公关公司进行策划和研究。

公关公司的专家们经过大量的信息收集工作，以及对美国市场的情况进行多次实地调查之后，提出了一个大胆的实施方案。

利用不久即将到来的美国艾森豪威尔总统的67岁生日，在征得本国政府的同意和支持下，向美国公开赠送两桶白兰地酒为总统贺寿，并且以此事为引子开展宣传活动。宣传的内容和基调集中在法美人民的友谊上，但一定要突出“礼轻情义重，酒少情意浓”这个主题。方案把开始宣传活动的时机定在了总统寿辰的前一个月，而且就如何广泛利用法美两国的新闻媒介，如何具体进行连续热情的宣传等细节问题，也拟订了详尽的执行计划。

白兰地厂商对这一套严密周详、构想巧妙的广告计划非常满意，并立即付诸施行。很快，法国政府方面答应予以全力支持，并马上就此事向美国外交部门通报，很快，也获得美国方面的同意。白兰地是法国的国宝，酒厂与法国政府其实想到一块去了。

总统寿辰前一个月，一家美国报纸似乎不经意地披露了一个从美国驻法国大使馆得到的消息，称法国方面将派专人向美国总统祝寿，并将随行带上一份堪称国宝的礼物。报纸的消息很简短，却马上引起了轰动，公众注目的焦点集中在这份礼物到底是什么上面。随着各家大报社的记者专程赴法国采访，这一谜底很快揭晓，原来是法国干邑白兰地。

法国白兰地很快成了这个月的明星，它的诞生地、它的历史、它的制作工艺和它那独特神奇的香味，都一一在各种媒介上介绍给了精明的美国酒商和公众，以满足他们的好奇心。这立即在美国掀起了一个"干邑白兰地"的热潮。充满了友谊情调的法国白兰地简直在美国家喻户晓，几乎所有的美国消费者都把它当做正宗和极品的标志。

宣传活动在艾森豪威尔总统的生日那天达到高潮。在美国首都华盛顿的主要街道上竖立着巨大的彩色标语牌："欢迎您！尊贵的法国客人""美法友谊令人心醉！"各个售报亭也整饰一新，摆放着美法两国的精致玲珑的小国旗。报亭主人精心制作的"今日各报"的广告牌上，一只美国鹰和法国鸡在干杯，造型奇异而可爱。醒目的标题提示着过往的人们："总统华诞日，贵宾驾临时""美国人的心醉了"。浓浓的友谊之情感染着人们。

在美国总统府白宫周围，早已是人山人海，世界各国的游客们云集在这里。人们面带笑容，挥动着法兰西的小国旗，翘首盼望尊贵的法国国宝白兰地的到来。

上午10时，赠酒仪式正式开始，来自各国的宾客垂手分列在白宫的南草坪广场上，67岁的艾森豪威尔总统面带笑容，准时出现在前簇后拥的人群之中。

由专机送抵美国的两桶窖藏达67年的白兰地酒，特邀了法国著名艺术家精心设计了酒桶造型，而"67"这个数字，正好象征着艾森豪威尔总统的寿龄。四名身着红、白、蓝三色法兰西传统宫廷侍卫服装的英俊法国青年作为护送特使，正步将美酒抬入了白宫。

艾森豪威尔总统在交接仪式后发表了简短但热情洋溢的讲话，他盛赞美法人民的传统友谊，祝愿这友谊就像白兰地一样美味醇香！

此时的人群中立即欢声四起，群情沸腾，人们似乎闻到了清醇芬芳的白兰地酒香，品尝到了法美友谊佳酿的美味。

从此，法国白兰地酒畅销于美国市场，精明的法国和美国酒商们大受其益，而意大利葡萄酒从此一蹶不振。于是，在美国从国家宴会到家庭餐桌几乎都少不了法国白兰地，人们品味它时，总会回忆起它不同凡响地来到美国的故事。

要给总统送礼，首先就要了解总统的重要需求，然后大胆地创造机会，并以自己经营的商品作为礼物合理合情且体面地送给他，这对于我们借助总统或其他名人的威望和实力来打动精明人，意义非同寻常！

有一位书商积压了一批书卖不出去，眼看就要亏本了。情急之下，出版商想了一个点子：给总统送去一本，并频频联系征求意见。忙得不可开交的总统随便回了一句：这书不错。这一下出版商如获至宝，大做宣传：现有总统喜爱的书出售。还把“这书不错”四个字印在封面上。于是，手头的书很快被抢购一空。不久，这个出版商又有一批书，便照方抓药，给总统送去一本，总统有了上次的教训，想借机奚落一番，就在送来的书上写道：这书糟透了。总统还是上了套儿，书商又大肆做宣传：现有总统讨厌的书出售。人们出于好奇争相抢购，书很快便全部被卖掉。第三次，出版商再次把书送给总统，总统有了前两次被利用的教训，干脆紧闭金口不理不睬。然而出版商还有话说，这次他的宣传词是：现有令总统难以下结论的书，欲购从速。结果，书还是被抢购一空。

在这个故事里，这位出版商就成功地运用了别人的“势”，在这里“势”就是总统，借着有巨大影响力的总统的评价，书商成功地把书都卖出去了。

作者点评

精明人比一般人更具有好奇心，对于权势的崇拜也强于普通人。借助"总统"的威名，满足了精明人崇拜权势的心理需求，从而达到推销自己产品的目的。

赞美满足他的"面子"

精明人也爱面子，渴望得到他人的赏识和赞美。故而与精明人做生意，不妨巧妙抓住他们这个明显或潜在的心理需求来做文章。先来看这样一个故事：

有个京城的官吏要调到外地上任，临走之前他去向自己的恩师辞别。恩师对他说："外地不比京城，在那儿做官很不容易，你应该谨慎行事。"官吏说："没关系，现在的人都喜欢听好话，我准备了100顶高帽子，见人就送他1顶，不至于有什么麻烦。"恩师一听这话，很生气，以教训的口吻对他的学生说："我反复告诉过你，做人要正直，对人也该如此，你怎么能这样?"官吏说："恩师息怒，我这也是没有办法的办法，要知道，天底下像您这样不喜欢戴高帽的能有几人呢?"官吏的话一说完，恩师就得意地点头称是。

走出恩师家的门之后，官吏对他的朋友说："我准备的100顶高帽子现在只剩99顶了!"

上面这个故事虽然是个笑话，但却说明了一个道理，那就是谁都喜欢听赞美的话，就连那位教育学生"为人正直"的老师也未能免俗。这是因为人都有一种获得尊重的需要，即对力量、权势和信任的需要；对地位、权力、受人尊重的追求，而赞美则会使人的这一需要得到极大的心理满

足。无论多精明的人，也必定如此。

北京一家企业集团欲建一座现代化的写字楼。这一天，该公司一向以精明著称的大雄经理正在工作，家具公司的推销小姐马懿平找上门来推销办公家具。“哟，好气派！我从来没有见过这样漂亮的办公室。如果我有一间这样的办公室，我这一生的心愿就都满足了。”马小姐这样开始了她的谈话。她用手摸了摸办公椅扶手，说：“这不是红木吗？这可是难得一见的啊！”“是吗？”大雄经理的自豪感油然而生。说完，不无炫耀地带着马小姐参观了整个办公室，兴致勃勃地介绍设计比例、装修材料、色彩调配，兴奋之情，溢于言表。

结果可想而知，马小姐顺利地拿到了大雄经理签字的办公室家具的订购合同。马小姐达到了目的，同时也留给了大雄经理一种心理上的满足。

马小姐成功的诀窍，就在于她向精明的对方表达了赞美之情。她从大雄经理的办公室人手，巧妙地赞扬了大雄经理所取得的成绩，使大雄经理的自尊心得到了极大的满足，并把她视为知已。这样，办公家具的生意也就自然非马小姐莫属了。由于人有自我意识，因此接受任何东西，哪怕是最中肯的劝告，也要受情绪和情境的影响。人向来注意外界对自我的评价，赞美这种外界评价，就有助于创造良好的情境和情绪，从而有利于问题的解决和生意的成功。

史蒂夫·哈维是美国一本知名杂志的主编，一天他接待了一位老妇人。

“您好，哈维先生，我听朋友说您住在这里，所以今天我特意来拜访您，您的杂志让我着迷，您的文笔太吸引我了。”老妇人看到哈维后兴奋地说。

“是吗？我的杂志能令你快乐，我非常高兴。”哈维谦虚地说。这时候哈维留意到老妇人还带来了厚厚一摞由他主编的杂志，感觉全年的杂志都在那了。

老妇人觉察到了这一幕，立即说：“先生，很抱歉，今天打扰您，但我很想知道您是怎样写出这一篇篇美妙的文章的。”

哈维亲切地把老妇人迎到屋内：“你太客气了，我所做的是别人同样能胜任的工作。”

“如果更换主编的话，我可能永远也不会再买这本杂志了。”接着老妇人激动地讲述着自己对这本杂志的看法，以及阅读杂志的感受。她的谈话深深地吸引了哈维，两人谈得很投机。

渐渐地哈维对这位老妇人也产生了兴趣，于是问道：“不知道，你是从事什么行业的。”老妇人这才亮明自己的身份，原来她是一个保险推销员。但此时一向精明的哈维已不像往常那样排斥推销员了，反而开始向老妇人积极了解保险业务，并向她购买了一份价值不菲的保单。

任何生意，经过赞美的魔棒轻轻一点，就变得不一样了。现代人或多或少都了解，多多运用赞美，可以赢得人缘，可以得到一些意想不到的犒赏。因此，说赞美话是一个人在生意场上所必备的技巧，赞美话说得得体，会使你的生意收获丰盛！再精明的人，对赞美的渴求也永无止境。

精明人最讨厌别人说他精明，但润物细无声的赞美他会很受用。精明人忙于生意，疲于应酬，他接收到的信息大多是“善于专营”“攻于心计”“唯利是图”。某一场合下你对他的人格、工作、学识加以赞美承认，他会觉得很有面子，甚至会很感动地把你当成知己，因此接下来的事情就很好办了。

问题的关键点是你要学会得体的赞美，而这种赞美也必须是真诚的，这也就是为什么一些人对别人大加赞美，却反而让人感到虚假的原因。

兴趣，精明人的突破口

精明人也有自己的兴趣。与他们做生意时，如果尽快找到其独特兴趣，然后从该兴趣点谈起，那么对于生意的成交必定功莫大焉。请记住：兴趣，永远是与精明人做生意的重要突破口！

黑人约翰逊创办了《黑檀》《黑人文摘》《黑玉》等杂志，还有电视台、电台以及模特公司、化妆品公司等。可以说，约翰逊是个成功人士。决定他生意上取得巨大成功的是他出色的与人交际的技巧。

在创业初期，约翰逊决心得到森尼无线电公司的广告投资。当时该公司的老板是麦唐纳，一位精明能干的主管。约翰逊写信给他，要求和他面谈森尼公司广告在黑人社会中的重要性。麦唐纳礼貌性地回了信，说来信收到，不过不能相见，因为自己不主管广告。

约翰逊清楚，麦唐纳的敷衍做法只是想摆脱他，但自己不能因为遭拒就气馁。

约翰逊拒绝认输，他想：麦唐纳既然是公司的老板，但不管广告，那么他管什么？

答案很明显，他管的是政策，相信也包括广告政策。于是，约翰逊又写了封信给他。问他可不可以抽出点时间接见他，谈谈他在黑人社会中进行广告宣传的政策。

不久，约翰逊接到了麦唐纳的回信。麦唐纳说："你是个坚持不懈的年轻人，我决定见你。不过，你要是想谈在你的刊物上刊登广告的事，我就立即结束谈话。"

约翰逊非常兴奋。他翻阅了《美国名人录》，发现麦唐纳是一位探险家，曾经到过北极。约翰逊记起，著名黑人探险家汉森也曾到过北极，两人探险时间相差无几，汉森还曾就探险一事写过一本书。

“这是个可以利用的机会。”约翰逊不由自主地说道。他立刻叫公司驻纽约的编辑去找汉森，请他在他的一本书上签名，以便送给麦唐纳。另外，约翰逊又从还没出版的最新一期《黑檀》月刊中抽去一篇文章，换上介绍汉森的文章。

麦唐纳同样是个很有见识的人物。当约翰逊走进他的办公室，麦唐纳第一句话就是：“看见那双雪鞋没有，那是汉森送给我的，我把他当做朋友。你看过他写的那本书吗？”

“看过，”约翰逊说，“凑巧我这里有一本。他还特地在这本书上为您签了名。”

麦唐纳翻阅那本书，显得很高兴。接着，他以挑战性的口吻说：“你出版黑人杂志。在我看来，黑人杂志上应该有一篇介绍像汉森这样的人的文章才对。”

约翰逊一边点着头，一边把刚刚出版还飘着墨香的最新杂志《黑檀》递给他。麦唐纳一面翻阅杂志，一面点头赞许。约翰逊告诉他，他创办这份杂志的目的，就是为了宣传像汉森这样不畏艰险勇于实现理想的人。

麦唐纳沉默了一会儿，然后说：“你知道吗？我找不出有什么理由让我们不在你的杂志上刊登广告。”

就这样，约翰逊达到了目的。短短的交流中，约翰逊没有谈一句广告。

约翰逊成功了。为什么成功？因为他充分运用交际技巧。这技巧是什么？答案是谈对方感兴趣的话题，这也叫做同频共振法则。

一处声波与另一处频率相同的声波相遇时，会发出更强的声波振荡，这是物理学中讲的同频共振。人际交往也有“同频共振”现象。如果一个人与另一个人兴趣相同、脾气相投、看法相近、目标一致，也就是共鸣点多，那么他们就会成为一对要好的朋友，互相帮助，互相激励。换个角度讲，如果一个人想要和别人增进友谊，结成朋友，获得帮助，达到生意或事业等方面的成功，那么就应该与对方“同频共振”。

此次会面商谈中，约翰逊有胆识、有准备，从对方的兴趣点入手，无

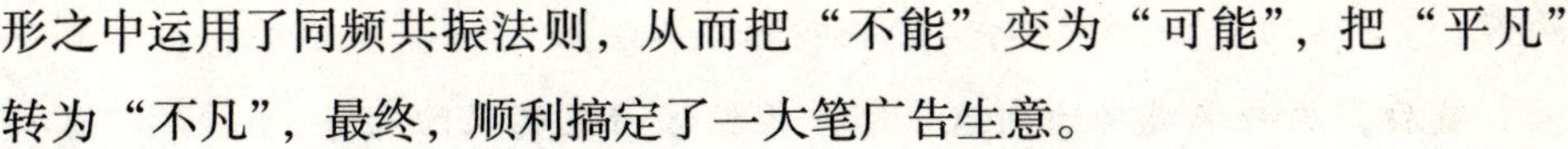

形之中运用了同频共振法则，从而把“不能”变为“可能”，把“平凡”转为“不凡”，最终，顺利搞定了一大笔广告生意。

由此可见，在与精明人做生意时，可以用那些新颖的东西，引起对方强烈的注意以及好奇心，使对方常常情不自禁、穷追不舍地要弄个明白，这时对方就会对你产生强烈的兴趣，不由自主地跟你“粘”在一起，再进一步，就可能被你牵着鼻子走了。

当我们很谨慎地根据精明人的经验、兴趣，而设法接近他们时，除了拿出“新颖”的东西之外，还得掺和着一些他们“熟悉”的成分。因为我们的目的是不仅要抓住他们的注意力，还要把握住他们的注意力，使他们折服并愿意与我们合作。

也就是说，我们要仔细研究对方，找到他们的兴趣所在，寻找他们最关心、最热衷的事业，谈论他们最感兴趣的话题；否则，即使你再死磨硬泡，也终会一无所获！

有一次，保险推销大王原一平去拜访一位特别精明的客户，事前他对该客户进行了全方位的了解。得知客户下午3时会去健身房健身，于是他就早早来到健身房，准备充分后就开始跑步。

不一会儿，客户来了，一进门就对同自己衣着一模一样的原一平产生了好奇，而且他们连发型也一模一样。这时原一平也故意好奇地盯着对方，很自然，两人相互打了招呼后就开始聊天。

之后两人相约去打网球，当原一平把网球拍拿出来的时候，客户又大吃一惊，怎么连球拍都是一模一样的。此后，两人相谈甚欢。

运动结束后，两人相约一起用餐。来到餐厅，当原一平迅速熟练地点完菜时，旁边的客户更为惊讶了，他好奇地问：“怎么都是我喜欢吃的？”

原一平微笑道：“我不知道你喜欢吃这些，我只是点了些我喜欢的。”

对方一听，摇摇头：“怎么那么巧？你到底是做什么的？”

“我是明治保险公司卖保险的，我有许多像你这样的朋友，像××公司的董事长、总经理等，他们都从我这里买了保险，你要不要也买两份?”

最后，原一平成功地向这位客户推销了自己的保险业务。

其实，原一平在拜访客户之前，早就对该客户的兴趣爱好等有关情况查得一清二楚，乃至细致入微。因此，他才能轻松自如地制造出许多令客户惊诧不已的“巧合”，并顺水推舟地赢得客户的订单。这就告诉我们：与精明人做生意时，只要你懂得谈论或满足对方的兴趣，那么你的成功也就八九不离十了。

从以上事例中我们可以看出，谈论和满足对方的最大兴趣对生意的成交非常重要。

另外，在寻找对方感兴趣的话题时，要特别注意一点：要想使对方对某种话题感兴趣，你最好对这种话题同样感兴趣。因为整个沟通过程必须是互动的，否则就无法实现具体的目标。如果只有对方对某种话题感兴趣，而你却表现得兴味索然，或者内心排斥却故意表现出喜欢的样子，那对方的谈话热情和积极性马上就会被冷却，这就很难达到与人真诚交流的目的。所以，你应该在平时多培养一些兴趣，多积累一些各方面的知识，至少应该培养一些比较符合大众口味的兴趣，这样，等到与人谈生意时，就不至于捉襟见肘，也避免使对方感到与你的沟通寡淡无味了。

人或多或少都会有自己的独特兴趣爱好。与精明人做生意，从他们的兴趣爱好入手永远是一个重要的突破口。摸清他们的兴趣点，并采取有效的办法满足他们，那么生意的成交几乎就指日可待了。

合理务实，满足切身需求

精明人通常会从自己的实际情况和需求出发，力求通过合理务实的方式来满足自己的切身需要。与他们做生意时，就要特别关注其特殊情况，想尽办法采取最合适的途径来为他们提供服务。唯有如此，生意才会红火。

威尔逊原来从事过好几种职业，收入也一直不错，但他一直想创办一种新兴的行业。他认为只有新兴的行业才有较大的发展空间。

1952 年的一天，威尔逊去外地出差，这是一个历史悠久的古老城市。傍晚时分，他来到一家旅馆投宿。走进旅馆内，只见墙壁的油漆已剥落，地板上还有蟑螂在爬行。酷爱清洁的威尔逊打算再换一家条件好一些的旅馆，于是，他走出这家旅馆。可是，第二家旅馆和第一家也没有太大的区别，接连走了四家旅馆，情况大同小异，没办法，他只好选择第四家旅馆住下来。他放下旅行袋，想要洗个热水澡，可服务员却冷着脸说："这里又不是您的家，怎么会有热水澡可洗呢！"当威尔逊问有没有夜宵可吃时，服务员冷冷地看了他一眼，丢下一句："没有，从来没有。"就走开了，又累又饿的威尔逊只好拿出一块又凉又硬的三明治吃了起来。

想着自己刚刚走过的四家旅馆，威尔逊的脑海里忽然涌出了一个想法：在美国的确有不少条件优越的大旅馆大饭店，但那些只是富人们去的地方，普通人是住不起的，而适合他们住的旅馆却又大多环境极差。我何不开设一家适合对生活精打细算的"精明"工薪阶层住的旅馆，好好经营，做到清洁卫生、舒适方便。当时，美国的汽车工业发展很快，他预测到："汽车化社会"即将到来，可以创办一种新型的旅馆——"汽车旅馆"，专门为追求舒适便捷的汽车司机们服务。

这年冬天，威尔逊在田纳西州的孟菲斯开办了第一家"汽车旅馆"。

这家旅馆房租低廉、窗明几净，卫生条件是一流的，而且所有的服务员都经过专门培训，能够提供优质的服务。另外还提供种类繁多、美味可口的食品，使顾客能以最普通的价位进餐。为了方便司机朋友，旅馆还专门建有停车场，在显眼处还摆放着供司机免费阅读的各地交通地图。驾驶汽车的人们来到这家“汽车旅馆”住宿，就像到了自己的家一样，能体会到一种亲切友善的温馨氛围。因此，这家旅馆从开业那天起，生意就十分兴隆。仅仅三年的工夫，威尔逊就陆续在美国各地开设了数百家这样的汽车旅馆，并形成了庞大的连锁组织。

20世纪50年代后期，旅游业在欧洲各地迅速兴起，每年都有数以百万的世界各地游客来到美国观光。在一次旅游当中，看到来来往往操着世界各地口音的旅游者，威尔逊又决定创办“假日旅店”，为国外游客服务。他四处寻找兴建这种旅店的地皮，或采用专利权方式组织连锁旅店，大力扩展业务。“假日旅店”仍然是以清洁、方便、价廉、服务周到为经营宗旨，为方便游客，旅馆内专门设有“犬屋”，给喜欢带宠物的游客提供服务。另外，还经营世界各地的特色食品，供各国游客享用。旅店还聘用了懂外语的服务人员，以便能及时和旅客沟通，更好地为旅客服务。由于经营有方，威尔逊的“假日旅店”在美国就有1546家之多。威尔逊成了名副其实的旅馆大王。

从威尔逊经营旅馆生意的成功案例可以看出，找到精明顾客的急切需求，然后采取最适合贴切的办法来使他们获得满足，努力让他们感觉到“所予即所需”，才是与他们做生意的明智可行之道。

一天，一位顾客走进一家手机专营店。这时，新来的营业员小王立刻有礼貌地与客户搭讪。小王问：“先生想看看什么样的手机？”

“我来随便看看。我的手机不好用了，三天两头需要充电很麻烦的。”精明的顾客边低头看手机边回答。

“先生您可以看看这款诺基亚的手机，它不仅是名牌而且外观大气，非常适合像您这样有风度的人。”小王介绍说。

顾客没说什么，小王又说：“要不您看看这款，它的价格比同类的产品便宜得多。”

顾客摇了摇头，继续低头好像在寻找着什么。5分钟过去了，10分钟过去了，顾客绕着柜台看了一遍，就要离开店的时候，小王的销售指导师傅孙小丹喊住了顾客：“先生，请慢。我建议您看看这款手机。虽然它的牌子不太响亮，但它的优点却是最适合您的。它的节电功能可以让您尽情使用10天。”

顾客听到小丹这么说，就拿起了小丹推荐的手机，小丹继续说：“这款手机不仅很省电，还配备了两块备用电池。如果您外出时，带上这两块备用电池，就不需在意它会用多少电了。这款手机的主打优势就是可以避免需要经常充电给人们带来的麻烦。”

最后，顾客购买了小丹推荐的手机。

俗话说：不买贵的，就买对的。精明人大部分非常在意产品或服务的适用性。因此，只有针对他们的切身需求，及时准确地为他们提供真正贴切实用的产品或服务，才更有利于生意的圆满成交。

适合的才是最好的。精明人多数情况下极其务实，因此虚荣浮华不如货真价实更能打动他们的心。这种时候，理性比煽情更能令他们信服，也更容易实现成交。

细心剖析，投其所需

精明人购买物品几乎都会精挑细选，注重品质和力求满足自身的个性需求。为此，与精明的顾客打交道，就要善于观察和分析他们的真正需求，精准地为其“量身定制”，从而达成交易。

一个星期天的午后，一对夫妻逛进了眼镜店里，阿骆稍微打量了一下：两位穿着很考究，丈夫戴了一副高度近视的金边眼镜，妻子手上拿着一只气球。由于是商场店，这类随便逛逛的顾客很多，所以并没有引起阿骆太多的注意。

在一番寒暄和交谈后阿骆发现，原来想要配镜的不是这位高度近视的先生，而是他的太太。太太希望配一副平光镜，作为装饰用，但配镜的愿望不强烈，精明的她只是想先随便看看而已，除非遇到特别合适的眼镜，她才愿意配。于是阿骆引导她试戴了几副眼镜，主要是推荐板材眼镜。但这位女士并不满意，然后就准备离开。

这时阿骆挽留住他们，并要求女士再次试戴她刚刚看过的一副红色金属半框架：“您好，您可以再试试这副吗？我看您在板材眼镜区选了很长时间没有选中，其实是因为您的脸型更适合戴细边的眼镜，像这副眼镜就会明显地使您眼部的脸型线条变柔和，令您看上去更年轻。”

这位容貌精致的女士一愣，但很快同意了阿骆的建议，再次试戴。

“嗯，这副的确比刚才的那副眼镜好看多了，有没有其他的我再试试呢？”

“您别看柜台里面一千几百副眼镜，只有这副才是最适合您的，我一般给别人挑眼镜最多两副，从来不会走眼。”

“眼光不错，但是我看你的胸牌是实习生，为什么我要相信你的技术呢？”

“实话告诉您，我以前是做化妆造型的，挑选眼镜时，我更会配合顾客的化妆程度、服饰搭配和平时的使用场所来推荐眼镜，所以我才能这么准确地告诉您，这副是最适合您的。”

再聊了一会儿，这位女士就决定配镜了。配好后阿骆又对顾客说：“现在我们配镜还能再赠送一副树脂镜片。”于是那位女士又叫他的儿子来配镜，他儿子买了副名牌眼镜，这样母子两人总共在店里消费了3500多元，并且对阿骆的服务赞不绝口。这笔生意成为了眼镜店当天销售中的一个亮点。

事实表明，当我们真正了解精明的顾客自身独特的需求并使之得到恰当的满足时，生意就会顺利兴盛得多。

罗杰斯是美国一家面包公司的销售经理，我们来看看他是通过什么方法做成一笔大生意的。

罗杰斯想为当地一家知名的宾馆长期供应面包。两年时间里，他几乎每个星期都去拜访宾馆的经理，还参加他举办的各种交际活动，但令罗杰斯失望的是，这位经理还是没有答应这笔生意。

一向做事不甘心认输的罗杰斯改变了自己的做法。通过多方了解，他得知宾馆的经理是美国旅馆招待协会会员，并且非常迫切地想成为该会的会长。于是罗杰斯就与他开始谈论关于招待协会的事，还在业余时间帮他打听和了解有关该招待协会的具体情况。没想到，几次谈话和提供了一些细小的帮助之后，罗杰斯的愿望实现了，这位经理同意与罗杰斯所在的公司合作。

罗杰斯对这位精明的经理紧追两年，费尽心机想做成他的生意，没想到最后还是通过对方所急切想要达成的事情才获得了成功。在做生意过程中，当你对令客户焦虑的问题表示出特殊的关心时，客户就会因此而对你产生好感，进而拉近你们彼此间的心理距离，并促进生意成交。

从某种程度上说，每个人都有自身的独特需求。与精明人做生意时，如果仔细观察分析，找到他们的个性化需求，然后为其精确提供产品或者服务，就能立竿见影地达到成交的目的。

创造条件满足对方需求

与精明人做生意，首先要准确找到他们的需求，满足顾客的需求永远是第一位的。下面我们看看希尔顿是如何创造性地满足精明的珠宝商和香水制造厂家的广告需求而赚大钱的。

希尔顿无疑是一位经营天才，天才特有的眼光和智慧，使他从不忽略任何一次生财的机会。

他在创建希尔顿旅店帝国时，曾指天发誓："我要使每一寸土地都生长出黄金来。"

在花费700万美元买下华尔道夫阿斯托里亚大酒店的控制权之后，希尔顿以极快的速度接手管理了这家纽约著名的宾馆，一切欣欣向荣，开始进入最佳的运营状态。在所有的经理都认为已充分利用了一切生财手段、再无遗漏可寻时，希尔顿依旧像园丁一样，一言不发地查找着可能被疏忽闲置的"菜地"。

人们注意到，他的脚步时常在酒店前台有所停顿，他的目光像鹰一样，注视着大厅中央四个巨大的通天圆柱。当他一次次在这些圆柱周围徘徊时，连侍者们都意识到，又有什么旁人意想不到的高招儿闪烁在他的脑海里了。

希尔顿在独自研究过这些柱子的构造后发现，这四个空心圆柱在建筑结构上没有支撑天花板的力学价值。那么，它们存在的意义是什么呢？美观吗？但没有实用价值的装饰，无异于空间的一种浪费。希尔顿最不能容忍的就是一箭只射一雕。

于是，他叫人把它们迅速改造成四个透明玻璃柱，并在其中设置了漂亮的系列玻璃展箱。这回，这四根圆柱就不仅仅是装饰了，在广告竞争激烈的时代，它们从上到下充满了商业意义。没有几天，纽约那些精明的珠宝商和香水制造厂家便把它们全部包租下来，纷纷把自己琳琅满目的产品摆了进去。而希尔顿坐享其成，每年由此净收24000美元租金，折合成现在的现金，便是20万美元。

当这些普普通通的柱子转变为种金之地时，希尔顿又到别的地方徘徊去了。在别人看似面面俱到、滴水不漏的现状中，希尔顿依旧不知足地寻找着能够生长金子的每一条缝隙。

希尔顿与精明人做生意的事例告诉我们：只要把握住精明人的需求，然后针对这些需求及时做出经营策略的改变，迅速有效地满足他们，即为他们带来应有的商业价值，那么就可以如愿赚取他们的钱。

与精明人做生意，我们要想方设法比他们更了解其自身的需求，在他们提出明确的需求之前，我们就要着手创造条件为其“按需定制”，然后才能稳当顺利地与他们达成合作。

公私兼顾，对症下药

人的需求大体可以分为公开的显性需求和私下的隐性需求。精明人也是如此，而且他们通常希望在最大程度上使这两种需求同时得到满足。因此，与精明人做生意不仅要充分满足其公开的显性需求，也要想方设法满足他们私下的隐性需求。唯有如此，生意才会顺畅兴隆。

小林是某大型纸业生产集团销售员，负责东三省的市场开发。他得到信息，某报需要采购大量的新闻纸。

于是，他登门拜访了报社的采购部部长万部长。万部长是一位精明的权威采购人才，50多岁了。他很内行，对业内情况很熟悉，也知道小林所在公司的情况。他向小林询问了新闻纸的基本技术指标，包括克数、实际的厚薄、拉力、吸水性、吸墨性等，都比较满意，因为比他们现在使用的纸强，而且价格也比现在使用的纸略低一些。当然，这些都只是埋藏在心里的，他不会把这些告诉小林。

小林也不傻，他在参观报社的印刷车间时，悄悄地撕下一块新闻纸揣在兜里。回去化验后，他也知道了自己厂里的纸比该报社原来用的纸质量要好，他觉得情况对自己有利。

但是万部长并没有因为这些优势就与他成交，虽然箭已经在弦上了，然而却迟迟不发。作为一个资深销售人员，小林知道，如果只是一味地被动等待，很有可能使本来大有希望的订单泡汤，而且拖得越久只会对自己越不利。万部长为什么不愿意与自己成交呢？小林左思右想，觉得公的方面是没有任何问题的，那么私的方面呢？小林决定主动出击，寻找突破口。

小林开始与万部长频繁接触，并展开了一系列的调查。通过调查，他了解到，报社与原供货商关系平平，没有特殊的关系，其他供应商都是小客户，与自己厂的实力不能比。他还了解到，万部长的夫人也在报社，是副社长，他们夫妇二人长期在新闻单位，走遍了祖国的名山大川，只是还没有到过俄罗斯，很想在退休之前借公出差的名义去趟俄罗斯，也就了了心愿。这些都是小林从侧面了解到的。

小林回到厂里，将这些情况向销售部长作了汇报。销售部通过研究，决定在靠近俄罗斯的一个边境城市举办一个全国性新闻纸产品订货会，邀请全国各大报的采购部主管参加。万部长自然在出席会议人员之列，他的夫人是主管后勤的副社长，有一个报告主题正适合她做，销售部也直接向她发出了邀请。

就这样，订货会和莫斯科之行都如期实现。万部长夫妇不用自己花一分钱，心愿得以实现，而这笔单子也就这样水到渠成了。

以上例子说明，与精明人做生意就要首先寻找和挖掘到他们各种真正的需求，然后对症下药。既要着力满足他们公开的显性需求，也要巧妙得体地满足他们合理的私下隐性需求。只有这样，做生意才能胜券在握。

生意场中的任何人都会有公私两方面的需求。公务的需求可以拿到桌面上毫无隐晦或白纸黑字地说明；而私人的需求通常不好公开明说。有时候私人的需求对生意的成交同样至关重要。因此，与精明人做生意也要把握好这一点，要充分巧妙地统筹运作，把公私两方面的需求同时满足好，才能卓有成效地实现成交。

曲径通幽，轻松成交

人的需求是多样的，有些是自己的需求，有些是家人的需求等。许多时候，满足家人的需求也等于满足自己的需求。与精明人做生意，有时设法满足他们最心爱的家人的需求，可能会收到意想不到的好效果。

殷万艳是某广告公司的销售代表，某大型连锁超市有几家分店开业，需要投放大量的广告。为此，殷万艳前去拜访该集团的企划部最为精明的林浩经理。

当她被带到林经理的办公室时，一个中年妇女进门来告诉方经理："对不起，我到处都找不到你要找的那套书。"

看到殷万艳进来，林经理微笑着向她解释说："我的儿子最近迷恋一部欧美的动画片，一直央求我给他买一套同名的漫画书。"

殷万艳向林经理表明了来意，向他提供了多套方案，所给出的优惠条件也十分诱人，然而林经理似乎没有任何兴趣。好不容易争取到的一次拜访机会就这样以失败告终了。

如何再争取第二次拜访，并使销售呈现良好的势头呢？当然是要改变林经理的态度。但是要如何做到这一点呢，殷万艳一点儿辙也没有。突然，她想起了林经理的话。她猛然记起：自己不是正好有一个朋友在新华书店做采购员吗？虽然朋友所在的那个书店也不一定有那套书，但朋友毕竟在这个行业里，对书籍资源比较熟悉。于是她马上打电话给林经理，告诉他自己正好有个朋友在书店系统工作，也许可以帮他找到那套书。林经理很是开心，和她在电话里聊了好大一会儿，最后还说了一句："如果能找到这套书，我那小子肯定会很高兴的。不过，这套书比较难找，实在找不到就算了。"

在朋友的帮助下，殷万艳找到了那套书，她又去拜访林经理，请秘书传话："请转告林经理，我找到那套书了，特意来送给他。"

林经理高兴地接待了她，感谢她替自己找到了这套书。谈到高兴处，他还拿出了儿子的照片，和殷万艳聊起了小家伙的种种趣事，两人马上就熟悉起来了。

没过多久，殷万艳便拿到了第一笔价值10万元的广告单子。更重要的是，她和林经理的关系越来越融洽了，这意味着以后还会有滚滚不断的财源。

可以说，与精明人做生意，任何时候都要首先满足他们最关心的急切需求，这是一条永远有效的生意成功诀窍。运用好这一窍门，生意成交必定易如反掌。

推销员约翰向一位经销商推销帐篷。可是不管他怎样介绍，这位精明的经销商都提不起兴趣，约翰心灰意懒。就在他打算离开的时候却灵机一动，想到了时下年轻人最喜欢的露营活动。于是他转身对经销商说："您看过这几天的报纸吗？"

对方感到很奇怪："怎么了？"

约翰自信满满地说："哦，是这样的，最近的报纸报道许多时下的年轻人都非常喜欢露营，他们用的大多数是我们公司生产的帐篷。我相信，帐篷生意的市场会越来越大。”

经销商一听，顿时大感兴趣，于是说：“对，我儿子也比较喜欢露营，但是我不太清楚，现在有多少年轻人热衷于此。”

约翰微微一笑：“先生您应该去问问您的儿子，我相信他们班几乎每个人都希望拥有一顶帐篷。而我们公司所生产的帐篷已经占了整个市场50%的份额，可以说我们的竞争力是非常强的。”

客户饶有兴趣地听着，两人聊了很久，最终达成了初步的订购协议。

旱路不通水路通。在与精明人做生意的过程中，若双方的商谈即将进入死胡同时，不妨快速打开思路，另辟蹊径，这往往会收到曲径通幽的良好效果。

人的需求总体上可以分为直接需求和间接需求。与精明人做生意，也是这样的情况，直接需求一般是对方生意上的需求，间接需求则是其他方面的各种需求。在特定的情况下，若能首先满足对方的间接需求，对生意上的成功会起到意想不到的关键作用。

卖产品，更卖感觉

从某种角度说，每个人的任何需求都是为了获得一种美好快乐的感觉。因此，与精明人做生意，归根结底也是为了给他们带来一种美好快乐的心理感觉。如果能做到这一点，生意成交就不在话下。

A 市是一座相对落后的海滨城市，由于经济欠发达，所以这里的房地产业不是非常红火，其表现就是大量房子卖不动。成勇是某别墅项目的置业顾问，在别人为房子销售不出去而苦恼的时候，他的业绩却水涨船高，惹得同事对他是既嫉妒又佩服。为什么其他售楼员卖一套房子，常常是磨破了嘴皮还无济于事，而他谈笑间就把房子给"卖"了呢？用成勇的一句话概括就是："他们卖的是房子，而我卖的是'感觉'。"你想想：卖房子能不沉重吗？而卖感觉能不轻松潇洒吗？

成勇举例说："有一位客户自另一座城市来，我陪他在海边走了走，聊了聊，他便心动了，但回家跟太太一商量，太太怎么也不同意。这个客户是普通的企业中层人员，在此之前，他肯定从来也没想过要拥有两处房子，何况另一处还是在外地的一个海滨城市？触景生情的冲动被太太一泼凉水就有点儿泄气了。我说，买房子是你的事，我不便多说，但仅仅是因为太太的问题，那最好你带她来一趟。"

"这对夫妻果然来了，但精明的妻子肯定不是来买房子的。然而，海边一走，就由不得她了，不进入一种境界是不可能的。果不其然，走着走着，她就说开了，这里的天真蓝，这里的海真清，这里的阳光真纯，这里的沙滩真净，这里的海岸线无遮无拦，是那么的长，那么的辽远和开阔，这里没有大城市的那种拥挤，这里没有繁华城市的那种喧闹。当然这些话是她一边慨叹，我一边给她升华出来的。"

"可是提到买房子，也就是'促单'的时候，她说话了，在这里买房子干啥？现在想的是挺好，到时候一年还不知道能来住几天，说不定还白白地闲置呢，问题的症结找到了。我说，刚才你说的也很现实，我们抛开海滨城市房子升值快这一条不讲，退休之后每年夏天至少可以来住几个月也不讲，但是你只要在这里买了房子，即使不来住，你也有了这里的碧海蓝天金沙滩，你的心里也会时时掠过海上习习的风，也会时时涌起海上的浪……总而言之，自此之后，你便有了一种感觉，一种与众不同的感觉，一种无比美好的感觉，一种我也说不清你也说不清但是我们都能想象得出来的那种感觉。"

人这一生，活的还不就是一种感觉吗？

夫妻俩当场交了押金。

正可谓："卖产品，更卖感觉"。感觉是一种说不清但确实存在的主观体验。无论多么精明的人，只要我们能切实满足他们内心某种最渴望的感觉或需求，他们就难以抗拒，并乖乖伸手"掏腰包"，与我们成交。

让我们再来看一个同样是售楼的例子。

一天，一位客户走进售楼大厅，威廉上前迎接。客户告诉威廉他想购买一栋别墅，威廉并没有立刻向客户推荐房子，而是愉快地同客户聊天。

在聊天的过程中，威廉了解到客户想要的居住环境。随后，威廉带领客户去看房子。一到那里，客户就被眼前的绿色所吸引，忍不住发出惊叹的赞美。这栋房子的前面是一片绿油油的草坪，后面绿树成荫。威廉指着草坪说："先生，这个草坪很大，让您的眼前不但有绿色，而且还不会影响您的视野。您再看房后这些树，长得多高多绿。"

"嗯，的确很棒，很符合我的要求。"客户随声附和道。

当客户问及威廉这栋房子的价格时，威廉一开口，客户便大吃一惊，这栋房子的价格比其他房子的价格高出很多。十分精明的客户听到报价后没有做声，威廉知道客户正在考虑，便说："掏高价买东西，换成任何人都会考虑考虑的，思量思量是否值得。不过，买到自己真正想要的东西才是最重要的。如果低价购买了一件产品，虽然省了钱，但它却不是自己内心真正想要的，这何尝不是一种浪费呢？"

"对啊，这么想我的心里就平衡多了。买东西就买自己最想要和感觉最好的。好，成交。"客户爽快地与威廉达成了交易。

只要是自己真正想要和感觉最好的，价格贵一点也没关系。这是一部分精明人的消费心理特征，因此在适当考虑他们经济承受能力的前提下，我们要特别强调产品或服务所能给予他们的心理满足感。

感觉是一种让人捉摸不透的奇妙身心感受。每个人都有意或无

意地受到自身感觉的影响。几乎所有人在许多时候都是不由自主地"跟着感觉走"。因此与精明人做生意也要善于抓住他们的感觉，通过话语提示和强化等方法让他们的感觉牵着他们跟着你的思路走，那么最后的成交将会水到渠成。

第二章

从弱点入手：精明人并非完美无缺

“金无足赤，人无完人”。精明人也有自身的弱点。他们也像绝大多数人一样喜欢得到他人的认同和夸赞，也有与生俱来的虚荣心。由于精明，他们有时也可能会过于看重眼前的现实利益，而忽视更长远的成就或前景。他们也是社会中的成员，注定有自己的社交圈子，其中总会有可以“制住”他们的人。作为生意场中的人，他们也受规则约束，受行情驱使。总之，精明人的弱点是我们与他们做生意时可以利用的切入点。

顺应对方心意，迂回成交

生活中人们都知道，安抚宠物时最基本的方法就是顺着毛轻轻抚摩，每当主人有这个动作的时候，宠物就会满意地发出满足的叫声。人也是这样，喜欢顺着说。这就是人性的弱点，精明人也同样无法免俗。

在谈生意的过程中，你如果有意识地运用语言刺激对方的自尊心和虚荣心，便会使其从自我压抑中解脱出来，并产生新的兴奋。用这种方法对付性格倔犟又好强的精明人特别有效果。

美国著名的柯达公司的创始人伊斯曼，捐赠巨款在罗彻斯特建造一座音乐堂、一座纪念馆和一座戏院。为了承接这批建筑物内的座椅，许多制造商展开了激烈的角逐。但是，找伊斯曼商谈的人无不乘兴而来，败兴而去，每位商人都是一无所获。

这时，“优美座位公司”的经理亚当森前去会见为人处世极为精明的伊斯曼，希望能够得到这笔价值9万美元的生意。

亚当森来到伊斯曼的办公室后，看见伊斯曼正埋头于桌子上的一堆文件，于是静静地站在那里仔细地打量起这间办公室。

过了一会儿，伊斯曼从桌上抬起头来，看到了亚当森，便问道：“先生有何见教?”

这时，亚当森一开口谈的不是生意，而是说：“伊斯曼先生，我在等您的这段时间里，仔细地观察了您的这间办公室。我本人长期从事室内的木工装修，但从来没见过装修得这么精致的办公室!”

伊斯曼回答说：“哎呀！您提醒了我即将忘记了的事情。这间办公室是我亲自设计的，当初刚建好的时候，我非常喜欢它。但是后来一忙，一连几个星期都没有机会仔细欣赏一下这个房间。”

亚当森走到墙边，用手在木板上一擦，说：“我想这是英国橡木，是不是？意大利橡木的质地不是这样的。”

伊斯曼高兴得站起身来回答说：“是的！那是从英国进口的橡木，是我专门托人在英国订的货。”

这时，伊斯曼的心情十分舒畅，于是带着亚当森仔细地参观起办公室，把办公室的所有装饰一件一件地向亚当森作介绍，从木质谈到比例，又从比例谈到颜色，从手艺谈到价格，然后又详细介绍了他的设计经过。这个时候，亚当森微笑着聆听，表示自己对此非常感兴趣。

直到亚当森告别时，双方都未谈及生意。结果想必大家都猜得到，这笔生意最终落到了亚当森的手里。

通过这一次交谈，亚当森不但得到了大批的订单，而且和伊斯曼结下了终生的友谊。为什么伊斯曼把这笔大生意给了亚当森？这与亚当森的谈话切入技巧十分有关，他懂得只有顺着对方的意思，才能使其对自己产生好感。如果他一进办公室就谈生意，有很大可能是会被轰出去的。

这则事例告诉我们一个道理：如果对方得到你的尊重，并且你对他的某种能力表示认可，那么再精明的人也很容易受到指引并与你达成生意上的合作。

有一次，日本的销售之神原一平去拜访一家商店的老板。这个精明的老板在当地是有了名的“怪人”，他从不接受别人的推销或采访。而原一平却有一套独特的与客户沟通的方法，下面我们来看看他是怎样做的。

“先生，您好！”

“你是谁啊？”

“我是明治保险公司的原一平，今天我刚到贵地，有几件事专程来请教您这位远近闻名的老板？”

“远近闻名的老板？”

“是啊！根据我调查的结果，大家都说这个问题最好请教您。”

“哦！大家都这么说啊！实在不敢当！到底是什么问题呢？”

“实不相瞒，是……”

“站着说话不方便，请进来吧！”

结果，那天原一平与这位老板畅谈甚欢，还轻松拿到了一笔令人称羡的保险订单。

正所谓：好话当钱使。说话要尽量让人觉得顺心入耳，这同样是与精明人做成生意的一大诀窍。话不在多，但要说到对方的心坎上，使他们觉得很受用和舒服，那么生意的成功几乎就是唾手可得了。

喜爱赞美、急于得到别人的肯定和认可是精明人共同的弱点。精明人站在高处，总有高处不胜寒的感觉。抓住他们的这个弱点，不去直接谈业务而是谈他们感兴趣的话题、谈他们某方面的成就。人搞定了，事也就搞定了。

用虚名和实惠满足他

每个人从骨子里来说都是爱慕虚荣的。这是人性的一大弱点，精明人也不例外。在与精明人做生意的过程中，他们通常都希望别人能遵照其意愿去行事，这能使他们获得一种尊重感。因此，如果我们顺水推舟地用一些虚名和实惠满足他们，那么生意成交就为期不远了。

有一次，“钢铁大王”卡内基结识了一位名叫佛里克的青年。此人经营煤炭业，号称“焦炭大王”。卡内基的钢铁公司需要煤炭，而且他很赏识佛里克的胆识和才干，如果跟佛里克合作的话，对于他的事业来说是非常有利的。

卡内基了解到佛里克是一个非常自负和精明的人，如果不把他的面子照顾得很周全，即使他明知对自己有利，也不会合作的。于是，他将佛里克请到自己家里，热情接待。当时，卡内基已年近50，比佛里克差不多大一倍，他的财富也比佛里克多无数倍，但他仍然在佛里克面前保持着礼貌和谦逊。尽管佛里克是个骄傲自负的人，也不禁对卡内基产生了好感。这时，卡内基提出了合作成立一家煤炭公司的建议。他还大度地表示，新公司的总价值是200万美元，佛里克的焦炭公司约值32.5万美元，其余160多万美元都由他支付，股份双方各得一半。

只出不到四分之一的资金，却能得一半股份，这是打着灯笼都难找的好事，佛里克却还在犹豫，如果公司以卡内基的名义运作的话，他是不乐意的。因为他是一个“宁为鸡首，不为牛后”的人。

卡内基看穿了他的心事，补充道：“新公司的名称是佛里克焦炭公司。”

佛里克再无疑问，当即爽快地同意了。此后，佛里克成为卡内基的合作者，日后更成为卡内基钢铁公司的高层领导之一。

在处理这件事上，卡内基没有将利益全部掌握在自己手中，他知道要达到目的，就必须得到佛里克的合作。因此，他送出虚名，自己也最终得到了实惠。这就告诉我们，在与人做生意的过程中，要审时度势，某种情况下，你一定要学会给对方一个虚名或美名，这样才能使对方心甘情愿地完成自己的意愿。

所以，与精明人做生意时，如果你要达到成功赢利的目的，就要记住这条规则，那就是：与精明人做生意，给他美名或虚名是一种达到目的的策略。如果你在财力方面没有一定实力，那么就得在不花本钱的“美名”上多下点工夫，只要送得好，戴得妙，保证可以获得立竿见影的效果。

佛罗里达州一家食品公司的销售代表名叫比尔·帕克。有一次他满腔热情地向一个精明甚至苛刻的大型食品批发市场经理杰克介绍他们公司的新产品，期望他们能订他的货。但杰克拒绝了他，比尔很难过，整整一天，他都在沉思着，最后决定再去找杰克谈谈，再试一试。

比尔说："杰克，今天早上我走后，发现我没有将我们公司全部新产品的照片给你看。现在，能不能占用你一点宝贵的时间，我再把遗漏的要点给你讲一下。其实，我最佩服你的就是，你总是很有耐心，能把别人的话听完，并且有足够大的气量在事情发生变化时把自己的看法也改变一些。"

这次，杰克没有拒绝比尔。比尔给他一个美好的名誉，他就赶紧去把这个好名誉维护住。

可见，在与精明人做生意的过程中，想要取得成功，请记住这个一句话把人说服的方法：给对方一个美好的名誉，让他为保全这个名誉而努力，那么随之而来的将是好运和惊喜。

布伦特是一名电脑销售员，他的一位客户是一家初具规模、发展迅速的网络公司，他专心研究了对方所涉及的技术领域，以及他们对电脑产品的真实需求之后，给该网络公司精明的老总克里弗发了一封邮件。

邮件上说他们公司不久前研制出了一批新型的电脑，刚刚投放市场，但是这批电脑并非完美无缺，为了生产出更加完美的电脑，他们必须不断改进。于是布伦特说道："您曾是电脑方面的专家，如果您有时间，我们非常希望能听听您的宝贵意见，我们将不胜感激。"

克里弗看到电子邮件后非常惊讶，他感觉自己的意见很重要，他也很乐意帮此小忙。于是他给布伦特打了通电话，约定了时间。就这样，在百忙之中克里弗抽空看了那台等待他检验的新型电脑。他非常认真地操作新电脑的各项功能，渐渐地便对这台高技术的产品产生了强烈的购买兴趣，最终克里弗更换了公司所有的电脑设备。

生意场上，很多时候动听的虚名用处非同小可。精明人在潜意识里对给其自身带来荣誉感的虚名也总是求之若渴。若掌握和发挥好美名虚名的作用，你将会获得巨大的投资回报，并使生意越来越兴旺畅达。

作者点评

都说做人不要爱慕虚名。可实际上，每个人从心底里渴望着得到能够满足自己虚荣心的某种虚名。因此，与精明人做生意要善于为他们及时奉送上恰到好处或体面的虚名，这对生意的成功将大有帮助。

比对方更有远见和胆魄

贪图利益几乎是精明人的本性。如果能够针对他们的这个特点，及时有效地给予他们看得见的眼前利益，并逐步深入地与他们进行合作，那么等到时机成熟时再果断地作出决策和采取行动，就可以出其不意地实现自己生意上的目标。

克罗克原先是美国的一个穷光蛋，没读完中学就出来做工，养家糊口，维持生存。后来，他在一家工厂当上了推销员，一方面收入有了一定的提高，生活有了明显的改善；另一方面，也是更主要的，他在推销产品过程中走南闯北，结识了不少人，交了许多朋友，增长了见识，积累了大量有关经营管理方面的宝贵经验。一段时间后，他开始越来越不满足于给别人当雇员了，一心想创办自己的公司。

可选择哪一行呢？“民以食为天”，随着人们工作生活节奏的加快，他通过市场调查发现当时美国的餐饮业已远远不能满足已变化了的时代的要求，急需改革，以适应亿万美国人的快餐需求。

想归想，要将其变成现实就不是那么容易的事情了，必须为之付出一定的代价。克罗克面临的首要问题就是资金问题，要实现鸿鹄之志没有启动资本就如同“水中月”“镜中花”，可望而不可即。“一分钱难倒英雄

汉”这话一点也不假。对于一贫如洗的克罗克来说，自己开办餐馆又谈何容易呢？思来想去，他终于想出了一个好办法，他在做推销员工作时，曾认识了开餐馆的麦克唐纳兄弟，自己倒不如凭双方交情先打入其内部学习，最终实现自己的伟大抱负。

主意已定，他找到麦氏兄弟，对其进行了一番赞美后，话锋一转，开始讲述自己目前的窘境，待博得对方的同情后，便不失时机地恳请麦氏兄弟无论如何要帮他这个忙，答应他留在餐馆做工，哪怕是做一名跑堂的小伙计也行，否则，他的日常生活将面临危机。

在过去一段时间的接触中，克罗克深知这两位老板的心理特点。为尽早实现自己的远大目标，他又主动提出在当店员期间兼做原来的推销工作，并把推销收入的5%让利给老板。麦氏兄弟见有利可图且又考虑到眼下店里确实人手不足，便十分爽快地答应了他的要求。克罗克进入快餐店后，工作异常勤奋，他起早贪黑，任劳任怨。为获取更多的营业收入，他提出了配制份饭、轻便包装、送饭上门等一系列经营方法，以扩大业务范围。他还多次建议麦氏兄弟改善营业环境，以吸引更多的顾客。在他的建议下，店堂里安装了音响设备，尽量雇用动作敏捷、服务周到的年轻姑娘当前台招待，使顾客能够更加舒适地用餐。除此之外，他还大力改善食品卫生，狠抓饮食质量，以维护服务信誉。

克罗克的每一项改革都使老板感到满意，由于他经营有道，为店里招徕了不少顾客，生意越做越好，老板对他更是言听计从，百依百顺了。餐馆名义上仍是麦氏兄弟的，但实际上餐馆的经营管理、决策权完全掌握在克罗克的手中，这一切正是通向其最终目的地的铺路石。两位老板一直蒙在鼓里，对此并无丝毫戒心，甚至还在暗自庆幸当时留下克罗克的决定是对的，多亏他的有效管理和辛勤治店，餐馆的生意才这么兴隆，财源滚滚而来，大有“伯乐相识千里马”之自豪与快慰。

不知不觉，克罗克已在店里干了6个年头。他的羽毛渐渐丰满，翅膀越来越硬，展翅腾飞的时机日趋成熟，便暗暗加快了行动步伐。他通过各种途径筹集到了一大笔贷款，该与麦氏兄弟摊牌了，他想，事到临头，不容再难为情，继续拖延下去了。他谙熟两位"精明"的老板素来喜欢贪图眼前利益，为一时的需要常常会忘记长远发展的性格。为此，克罗克充分做好了谈判前的思想准备。

1961年的一个晚上，克罗克与麦氏兄弟进行了一次很艰难的谈判。起初，克罗克提出较为苛刻的条件，对方坚决不答应；克罗克稍作让步后，双方又经过激烈的讨价还价，最终克罗克以270万美元的现金，买下麦氏餐馆，由他独自经营。麦氏兄弟尽管有种种忧虑与不安，但面对如此诱人的价格，他们终于动心了。"270万美元，整整270万美元呀！这么优惠的价格，傻瓜才会不接受呢！"双方就此达成协议，并很快进行了产权交割，办理了相关移交手续。

第二天，该餐馆里发生了引人注目的主仆易位事件，店员居然炒了老板的鱿鱼，这在当时可以说是特大的爆炸性新闻，引起了巨大的轰动，而快餐馆也借众人之口，深入人心，大大提高了其在美国的知名度。而克罗克入主快餐馆后，经营、管理更加出色，他接着改变了行销策略，开始在全美开设连锁店，很快就以崭新的面貌享誉全美。五年后，克罗克旗下的快餐店就发展到1000家，到1978年达到5000家。经过50年的发展，目前连锁店已近3万家，遍布全球114个国家和地区，年营业额达到了259亿美元。快餐店的成功，可以说在某种程度上改变了人们的生活，克罗克本人也因此被评选为美国历史上对美国社会影响最大的企业家。

这就是全球著名的快餐企业——麦当劳的由来。

克罗克的成功，就在于他了解麦氏兄弟贪图眼前利益的性格，但他比对方更有远见和胆魄。

以上事例表明，只要充分了解和把握精明人的特点，在满足他们利益需求的基础上与之展开深入持久的合作，那么你便可以审时度势地迅速抓住有利时机实施更"大胆"的计划，获得预期的成功。

有一句话说："思想有多远，我们就能走多远。"另外有一句话说："失去勇气，就失去了一切。"可见，远见和胆魄是何等重要。与精明人做生意同样需要远见和胆魄，它们能使你站得更高、看得更远，并勇于抓住有利时机与精明人实现生意上的交易。

借助关系，以谋制胜

毫无疑问，精明人都会有自己的至亲好友或交际圈。在做生意时，如果一时难以直接跟精明人打交道，那么不妨从他们周围的特殊人士入手，以便创造与他们见面洽谈生意的机会，进而想方设法达成生意上的合作。可以说，精明人的交际圈有时也是一个可借用的机会。

某年秋天，在日本的神户有家经营煤炭的商会正式挂牌营业了，周围充满了欢庆的气氛。该商会的老板就是少年得志、气宇不凡的久永君。说起来，他成立商会还多亏父亲的老友藤泽先生慷慨解囊和全力相助，对此厚意，久永君刻骨铭心，念念不忘，并随时准备报答，正像中国古话所说：受人滴水之恩，当以涌泉相报。

开业没几天，来了一位客人，自称是当时神户最有名的饭店——春山饭店的侍者，请求约见商会老板，并恭恭敬敬地递上一份请柬及一份举荐书。久永君接过请柬，只见上书：久永先生亲启；落款：山口三太郎。久永君看了一眼来者，疑惑地打开请柬及举荐书，待阅完后，才知是藤泽先生部下道原举荐来山口三太郎与其做煤炭生意，为表示谢意，山口三太郎准备在春山饭店略备薄酒一桌，以便席间向久永君请教生财之道，请柬中字里行间都充满了对久永君的无限敬慕之情。既然是自己恩人部下举荐的朋友，焉敢怠慢，不看僧面还得看佛面呢。他向侍者讲了几句客套话后，便欣然应允，表示愿意于今晚前去赴约。

夜幕很快笼罩了大地。久永君换上一身笔挺的西装，帅气十足地来到春山饭店，山口三太郎早已在那里恭候大驾光临了。一进饭店大门，久永君就受到了周到热情的服务，酒席上的美味佳肴令他大饱口福，再加上山口三太郎不时地阿谀奉承，久永君不免有些飘飘然，得意扬扬起来……酒酣耳热之际，正是谈判的好机会。山口三太郎深谙此道，他认为时机已到，便态度极其虔诚地向久永君提议道：“久永先生，我有一个好朋友阿部君，是日本横滨的一个著名的煤炭零售商，信誉好，客户多，生意很兴隆，如果先生您信得过我，并愿意给我提供一个为您效劳的机会，我很乐意为你们从中牵线搭桥。对于您，可以由此扩大煤炭销售量，增加销售渠道，从而加速资金周转，取得更多的收益；对于我的好朋友阿部君来说，由此便会拥有可靠而稳定的货源，经营也会更有起色，至于我本人，只想从您那里得到一定量的佣金即可。”

久永君听罢此言，并未立即作答，他在犹豫不决，双方的谈判陷入了僵局。山口三太郎瞥了对方一眼，并没有逼对方马上作出决定，而只是若无其事地招来服务小姐：“小姐，听说你们神户的特产瓦砾烧饼味道不错，能否劳您驾给我买些来?”说着，便从口袋中掏出一大沓子钱来，并随意从中抽出两张大额的作为小姐的小费。

久永君望着那厚厚的一叠票子，再看看山口三太郎付小费时的洒脱样，断定对方肯定是个资金实力雄厚的大老板，与其做生意不会有什么危险的，便主动与山口三太郎就煤炭交易一事做了详尽的洽谈，爽快地答应了他的要求。

酒足饭饱，双方正式达成协议后，两人握手言别。待久永君一离开，山口三太郎就急急忙忙奔向汽车站，以便搭末班车返回横滨，今天在春山饭店这样的高消费对他简直太奢侈了，怎能是他所承受得起的呢?

一向精明过人的久永君做梦都不会想到，山口三太郎其实只不过是横滨的一个小煤炭经理商，眼看着要关门破产，生意做不下去了，他从朋友那里得知久永君与藤泽的特殊关系后，便以自己的煤炭店作抵押向银行贷了一部分款，并以欲与久永君做煤炭生意为借口请道原君为其写了一封举荐信；然后，再借助于春山饭店这个堂而皇之的大舞台，成功地上演了一出“瞒天过海”的戏，一切都是那么自然而然，顺理成章。山口三太郎借助关系，以谋制胜的谈判本领，使他顺利的将久永君煤炭商会的煤，转手卖给阿部的零售店，一进一出，一来一去，获利颇丰，一度濒临倒闭的小煤炭经理店又如日中天，蓬勃发展起来。

可见，与精明人做生意，要善于借用他们周围特殊人士的影响力，然后取得与他们直接见面洽谈的机会，同时富有谋略地和他们展开谈判，最终实现自己的目标。

作为社会中的成员，精明人也会有自己的人际交际圈，而且该交际圈中必定有对其特别重要的关键人物。与精明人做生意，如果我们能够有效利用该关键人物，必能化腐朽为神奇，对自己生意上的成功产生难以估量的巨大作用。

巧设“圈套”，以柔克刚

精明人善于周旋，与精明人做生意时，往往出现意见相左的情况，这时候，以刚克刚，很可能不会达到预期的目的。要在双方僵持时，巧予闪避，之后采取刚柔相济、以柔克刚的方法，诱导对方否定自己先前的看法。话锋不直刺双方矛盾的焦点，造成对方心理防御上的松懈，以柔和含蓄为诱饵，让对方落入圈套，乖乖缴械认输。在与精明人交往的过程中，有关原则性问题要寸步不让，但又要讲究语言技巧。以柔克刚，较之正面批驳，收效更大。

美国西屋公司遇到了这样一件事：使用该公司马达的用户要求退货，理由是马达散热度过高，工人无法接触。公司销售员阿里逊前往交涉。他并没有直接反驳对方，只是说：“如果真有这种情形发生，我们绝不敢要求贵厂购买。你们应该选择散热量小的马达，对不对？”这个开场白，避免了针锋相对。接着以询问的话语启发用户：“按规定，在室内马达的温度是不是可以比室温高72华氏度？”对方回答：“是。”在柔和含蓄的询问后，阿里逊又推进一步：“工厂的室温是多少？”回答是75度。阿里逊看到水到渠成，便直接亮出观点：“工厂室温75度，马达的规定温度72度，加起来147度。如果用手去摸，是不是会被烫伤呢？”一句问话，马达散热度高的说法便被推倒了。对方不仅不再要求退货，而且又预订了西屋公司的产品。

“以柔克刚”是一种营销技巧，要想说服对方，就要始终坚定不移地坚持自己的底线，以此削弱对方的意志。同时还要抓住问题的本质，让对方就范。

四川M机床制造企业在行业内的美誉度很高。一次，H企业要购买M企业35台设备，H企业派出得力主谈王某与该企业进行商务谈判。王某以针锋相对、谈判中咄咄逼人的强硬手法为企业拉了不少优势合约，M企业的张某则是久经商场的谈判高手，双方似乎不可避免地要进行一场谈判大战。王某在谈判中始终保持着强势的谈判态势，并一度威胁若张某的企业不能提供更优惠的价格，那只好各奔东西。面对王某的架势，张某并没有心急，也没有气恼，他知道如果那样的话，就进了对方的圈套。张某在谈判过程中对王某很尊重客气，不会去打断对方的发言，始终微笑着听取对方的要求。实际上张某早有一套牌来等待着王某了，只等他乖乖地钻进来。

王某看过张某企业提供的项目报单后表示，对于订购35台设备的大单子，坚持认为M企业提供的优惠不够彻底。王某提出的要求为设备的保修期延长1年，对于设备自身问题引起的商业损失，应由张某企业提供一定赔偿，对于设备的价格，虽然行业的透明度比较高，王某认为一次性购买设备这么多，应该在优惠价格上再给予5%的优惠。王某的条件这么多而且又很苛刻，要是换作别人，估计会当场就跳起来。张某微笑着表示这么多条件不可能达到，全部实现的难度非常大。如果王某能够多订购几台设备，或者在付款程序上做些调整，张某认为可以磋商。对于张某的提法，王某表示也可以考虑。王某实际上正一步步落入张某的圈套当中。通过艰苦的努力，双方达成了一项又一项成果，张某同意保修期延长10个月，设备质量引起的商业损失也给予一定的赔偿，优惠价格给予4%的优惠。同时王某的企业同意如果这批设备质量没有问题，一年后将再次订购10台设备，不过这次的付款程序没有任何变化。表面看起来，王某获得了更多的有利结果，他自然很高兴，H企业也表扬了王某的又一次成功。读者可能会问，张某哪里设计战术了？实际上，关键就出在报价单上，M企业内部早就定好了给予H企业最优惠的条件，但是一如既往地交给张某去设计战术。张某得知谈判对手王某的风格后，隐瞒了优惠价格，提供了只给予一点优惠的报价单。王某奋力争取下来的谈判成果，实际上早就在张某的控制范围之内。而王某及企业对于这个得来不易的谈判成果，却显得非常兴奋，王某再次通过谈判获得了成功的满足感，H企业也更加信任王某。而张某除了看着大家皆大欢喜之外，还能做什么呢？

与精明的王某谈判，谈的不仅是产品也是心理，双方博弈就是斗智斗勇，与勇者谈判就要用智，以柔克刚。王某仗着买方者身份一上来就“疾风暴雨”。作为卖方张某如果针锋相对，频频还招，这单生意可能很快就黄了。张某表面是“节节败退”其实是“步步为营”，一开始就为王某设了“圈套”。“你敬一尺，我敬一丈”，王某自觉占了便宜，也不在盛气凌人，最终达成协议，实现双赢！

精明人一般都恃才傲物，这是他们的优点也是缺点。与精明人做生意时，不要针锋相对，而要以柔克刚。在保持自己的销售底线时，巧设“圈套”，步步为营，让精明人掉入你的营销“陷阱”，一旦成交对双方都有利。

抓住对方弱点，攻其软肋

做生意就离不开谈判。要使谈判取得成功，就要做到知己知彼，尤其是与精明人的谈判，更要事先摸清他们的底细，找到其致命弱点，并精确有效地攻其软肋，从而实现自身最大的利益。

在比利时的一间画廊里，一位美国画商和一位印度画商在激烈地讨价还价，争得不可开交。原来，印度画商带来的一批画每幅开价都在 10 ~ 100 美元，唯独对美国画商选中的三幅画，每幅要价 250 美元，一文不让。

美国画商对这种敲竹杠的行为当然不满意，不愿成交。不料，印度画商大为生气，抓住三幅画中的一幅，当场点火烧掉了。美国画商见他把自己喜爱的画烧了，心里觉得很可惜。他问印度画商，剩下的两幅画价格是否能低点儿。不料印度画商毫不让步，坚持每幅 250 美元，一点儿也不能少。美国画商仍然嫌价钱太高，不愿买下。于是，印度画商又抓起一幅画烧掉了。这下，美国画商沉不住气了。他酷爱收藏名人字画，最后只好乞求画商不要烧掉这最后的一幅画，愿意将它买下来。

打掉了美国画商的气焰，印度画商乘胜出击，将这最后一幅画提价到 500 美元。这回美国画商不敢有任何反抗，乖乖地付了款。这位印度画商就是抓住了对方的弱点——爱画的心理，然后出其不意地达到自己的目的。

身处商场，免不了会遇到各种各样的竞争对手。要想战胜别人，没有智谋是不行的。善于抓住他人的弱点，攻其软肋是我们出奇制胜的良方。“抓住他人的弱点，攻其软肋”，营销策略无处不在。

2003 年非典过后不久，中国本土手机业巨头波导在上海一所豪华酒店内举行了一场盛大的新品发布仪式——号称国内第一款女性高端手机波导“女人星”品牌在万众瞩目中现身。几十家权威传媒机构、诸多社会名流、数百家来自全国各地的经销商出席了此次盛典。

发布仪式之后，波导立即启动了全面的女人星市场推广计划：从令人眼花缭乱的广告播放，到轰轰烈烈的公关活动，短短两个多月时间，女人星品牌的投入高达数千万元，女人星品牌的知名度迅速提升，市场销售量开始逐步攀升。

就在女人星轰轰烈烈推出之际，另一手机业巨头侨兴却在积极研究阻击女人星市场成长的方法：他们专门组织人员对女人星的产品、广告投放、渠道策略等各方面进行仔细研究，力图找出纰漏，给女人星以沉重一击。

在经过仔细的研究分析之后，侨兴发现旗下 CECT 的 Q818 和波导的女人星 F1（型号为 SCO4）二者使用了基本相同的主板，甚至其印刷线路板的版本号也一模一样，而市场价格却相差一倍！两者最大的不同只在于外壳，波导女人星存在巨大的利润黑洞。

侨兴决定从产品的角度入手，拆开女人星的虚幻面纱，从价格黑洞角度入手，通过新闻造势的方式，给予波导以沉重的打击。

2003 年 7 月 25 日，中国权威大报《广州日报》忽然刊出一篇题为《外观不同价格差千元　国产手机惊爆价格黑洞》的报道，该报道以一份消费者送来手机测评报告为引子，通过对两款国产知名手机的测评对比发现，这两款手机只是外壳不同，主板基本相同，甚至其印刷线路板的版本号也一模一样，而市场价格却相差一倍。文中的叙述及所配发的图片将矛头直指波导女人星。

此篇报道一出，立即被多家媒体转载，手机价格黑洞一事随即在业界及消费者之中掀起巨大的波澜。消费者阅读报道之后，都有种被波导女人星欺骗的感觉，波导女人星的终端销售受到了严重的冲击。

虽然波导相信此事必定有竞争对手在背后兴风作浪，但是苦于被人抓住弱点，而且对手攻势来势凶猛，一时间应对无策。消费者的信心一旦失去，任凭企业再如何努力都无济于事。波导女人星只能眼睁睁看着自己的销售量不断下滑。

波导女人星重视宣传，抢占先机，作为竞争对手侨兴可以说晚了一步。但再好的事物都会有漏洞，正如再精明的人都会有弱点。侨兴正是利用了波导女人星的价格漏洞，奋起攻之，最终在打击对手的同时，把自己塑造为正义的化身，从而树立起自己的品牌。

很多人输给对手，并不是因为对手比自己强大，而是败在自己的弱点上。当自己的弱点成为对手攻击的软肋时，也就意味着胜利的主动权已经交到了对方手里。换个角度来讲，当你面对劲敌时，硬攻不一定是最好的方法。只有寻找对手的弱点，攻其软肋，方可成功。

声东击西，令对方迷茫慌张

商场如战场，商场鏖战不一定只是双方短兵相接，也会出现多方博弈。如何在多方博弈中突围，如何化弱势为优势，这就需要“声东击西”的营销策略。声东击西出自兵法，是指“敌志乱萃，不虞。坤下兑上之象，利其不自主而取之”。这句话可以理解为忽东忽西，即打即离，制造假象，引诱敌人作出错误判断，然后趁机歼敌的策略。

台湾被荷兰殖民者统治数十年，民族英雄郑成功立志收复台湾。1661年4月，郑成功率二万五千将士顺利登上澎湖岛。要占领台湾岛，赶走殖民军，必须先攻下赤嵌城（今台南安平）。郑成功亲自寻访熟悉地势的当地老人，了解到攻打赤嵌城只有两条航道可进：一条是攻南航道，这条道港阔水深，船只可以畅通无阻，又较易登陆。荷兰殖民军在此设有重兵，工事坚固，炮台密集，且对准海面；另一条是攻北航道，直通鹿耳门。但是这条航道海水很浅，礁石密布，航道狭窄。殖民军还故意凿沉一些船只，阻塞航道，他们认为这里无法登陆，所以只派少量兵力防守。郑成功又进一步了解到，这条航道虽浅，但海水涨潮时，仍可以通大船。于是决定趁涨潮时先攻下鹿耳门，然后绕道从背后攻打赤嵌城。

郑成功计划已定，就首先派出部分战舰，浩浩荡荡，装作从南航道进攻。荷兰殖民军急忙调集大批军队防守航道。为了迷惑敌人，郑成功的部队声威浩大，喊声震天，炮火不断。这一下，郑成功非常成功地把殖民军的注意力全部吸引到了南航道。北航道上一片沉寂，殖民军以为平安无事。南航道激战正酣，在一个月明星稀之夜，郑成功率领主力战舰，人不知，鬼不觉，趁海水涨潮时机迅速登上鹿耳门，守军从梦中惊醒，发现已被包围。郑成功乘胜进兵，从背后攻下赤嵌城，荷兰殖民军狼狈逃窜。郑成功用声东击西的方法取得全胜，台湾又回到祖国的怀抱。

在商场上，为使对方的判断发生混乱，就必须采用灵活机动的方法，本不打算进攻甲地，却佯装进攻；本来决定进攻乙地，却不显出任何进攻的迹象。似可为而不为，似不可为而为之，对方就无法推知自己的意图，被假象迷惑，从而作出错误的判断。

一条街上有两家电影院，在市场不太景气的情况下，两家电影院的老板都使出浑身解数招揽顾客。路南的影院推出了门票八折优惠，路北的影院接着就来了个五折大酬宾。对于顾客来说，同样情况下，当然都愿意去花钱少的影院，于是，路北的影院生意兴隆，路南的影院门可罗雀。

路南影院的老板不甘心坐以待毙，于是一赌气，干脆来了个“跳楼大甩卖”——门票打两折。按照当地消费水平和行业常规，电影院门票五折以下已经毫无利润可言了，路南影院打两折的目的是为了把对手彻底挤垮，然后再进行“价格垄断”。谁知道，他们刚刚把顾客拉过来，路北的影院接着就推出了门票一折优惠，并且每人另送一包瓜子。

乖乖！哪有这样做生意的，门票打一折是一元钱，一包瓜子少说也得一元，这等于是白看电影呀，路北影院的老板是不是疯了？路南影院的老板惊得直吐舌头。但顾客可不管老板是不是疯了，有这样天上掉馅饼的好事绝对不能错过，于是纷至沓来，影院天天爆满。

这回路南电影院的老板实在没有勇气参加竞争了，便宣告倒闭，关门了事。

大家都以为路北的电影院这时会恢复竞争之前的价格，但谁都没有想到，这个送瓜子的“赔本生意”却一直坚持了下来。

半年多的时间过去了，路北影院的老板买了奥迪车，房子也换成了高档别墅，一副发了大财的样子。原路南电影院的老板对此百思不解，为了弄清真相，便通过朋友打探路北老板的经营秘诀。

在费了一番周折之后，他终于弄清了事情的真相。路北电影院一元的票价要赔钱，送瓜子更是要赔钱，但送的瓜子是老板从厂家订做的超咸型五香瓜子，看电影的人吃了瓜子后，必然会口渴，于是老板便派人不失时机地卖饮料，饮料也是经过精心挑选的甜型饮料或高档矿泉水，结果顾客们越喝越渴，越渴越买，饮料和矿泉水的销量大增——放电影赔钱、送瓜子赔钱，但饮料却给老板带来了高额利润。

这家影院的老板实际上也是采用了“声东击西”的赚钱术。商海中有人赚钱赚在明处，有的人则像这位影院老板一样，采取了隐藏利润点、迂回赚钱的策略。利润点隐蔽得好，顾客认为你做的是“赔本生意”，便会觉得自己花的钱值，从而也就会痛快地掏腰包。声东击西、闷声发财实际上蕴涵着科学经商的大智慧。

老虎虽为百兽之王，也有打盹的时候。精明人再精明也有轻敌、犯迷糊的时候。声东击西，令对方迷茫慌张，乱势之中，你会由败局转为胜局。

强调价值，巧谈价格

精明人对价格敏感，但同时他们通常更重视价值。这可能既是精明人的优点，也是他们的弱点。

一般来说，与精明人做生意时，在双方洽谈的开始，只谈商品质量、数量和价格等双方交易的主要条件。而对于价格，不要过早地暴露出来，要避免过早地同对方讨论价格问题，因为不论你的价格多么合理，只要对方购买这种产品，就要付出一定的代价。因此，应该在对方对产品的价值有所认识后，才能同他们讨论价格问题。我们应该做的是：不要让客户首先考虑产品的价格，要把他们的注意力引到产品的价值上来，也就是说，谈话应首先集中在产品的价值这一问题上，而不是单纯地谈价格；如果一定要谈价格，就要连同价值一并提出，设法让对方着重看到他们将要得到的好处，而不是他们所付出的代价。

美国彩虹吸尘器公司同样了解这条原则。他们挨家挨户销售吸尘器，每台售价约为 1000 美元。当然，他们的潜在客户都已经有吸尘器了。而且，不管怎么说，吸尘器的价格应该在 50 ~ 300 美元，而不是 1000 美元。那么，他们又怎么可能售出吸尘器呢？

他们的产品的确有独到之处：灰尘不是被吸入纸袋中，而是被吸入一个盛水的容器里，然后落入水中。吸尘完毕后，污水会被处理掉。据说这种方法可以吸掉更多灰尘。销售人员会为你演示，从一般吸尘器排出的空气中仍含有大量灰尘，这些灰尘会悬浮在空气中，影响你的肺部健康，恶化呼吸问题，加重哮喘疾病，引起过敏等。

对产品感兴趣的客户自然会询问价格。销售人员知道，一旦谈到价格，关于这笔交易的谈话就会宣告结束。"我不想告诉您价格，"他们回答道，"因为我不想让您因为价格的因素购买这件产品，我希望您是因为真正需要才买的。"他们会主动为客户做一个富有戏剧性的演示：把枕头放入塑料袋内，然后用彩虹吸尘器把它吸成一个很小的硬块。据说这样可以给枕头除螨。

这时，顾客可能会再次询问价格。销售人员就会回答说，如果他们与顾客一致认定顾客确实需要这种吸尘器，他们个人就会保证顾客能够买到一台。销售人员会充分展示该产品的各种价值，以及使用这种产品所节省的费用：不必为吸尘器购买纸袋，不必求医问药，不必请假误工，不必频繁更换地毯（因为一般吸尘器会在地毯上留下细小灰尘，加速地毯的磨损）。顾客可能会感到奇怪，既然这么省钱，为什么政府不强制使用这种真空吸尘器呢。两三个小时之后，当顾客为了知道价格快要跪地恳求时，销售人员才会告知产品价格。

不过，幸好还有这么一点：如果顾客能够找到三个朋友或者三户人家让销售人员进行一次产品演示，这位顾客就可以享受折扣。这些人不一定非得购买产品，只要允许销售人员跨进家门做产品演示就可以了。你是不是觉得不可能把一台1000美元或者更贵的吸尘器卖给已有吸尘器的人家呢？你还是再想想看吧。如果销售人员进了家门，总会有一次成功销售的机会。

要记住，精明的顾客首先关注的永远是价值，然后才考虑到价格。如果我们能充分把握和运用好这一点，那么生意将会持续兴旺起来。例如，在进入我国市场的国外品牌企业中，瑞典宜家公司就是典型的善于"强调价值，淡化价格"这一理念和策略，加上切实到位的贯彻与执行，宜家公司赢得了全球众多顾客的广泛赞誉，生意一直相当红火。

瑞典宜家（IKEA）的成功，是20世纪中少数几个炫目的商业奇迹之一。宜家始于1943年年初，从一点可怜的文具邮购业务开始，不到70年的时间就发展成为在全球36个国家拥有292家连锁商店、雇用了7万多名员工的企业航母，成为全球最大的家居用品零售商。

“娱乐购物”的家居文化

宜家一直以来都倡导“娱乐购物”的家居文化，他们认为，“宜家是一个充满娱乐氛围的商店，我们不希望来这里的人们失望”。宜家最先将“家居”这个全新的概念引入中国，很多来宜家的人都不是纯粹来购物的，他们已经习惯性地把它当做了一个休闲的地方，顾客在这个环境中会不知不觉被“宜家文化”所感染。宜家文化让顾客体会到：原来厨房可以如此整洁大方、井然有序，客厅可以如此色彩缤纷、功能丰富，卧室可以如此温馨、风情万种。顾客在宜家不但可以买到称心如意的家具或家居用品，更重要的是学会了色彩可以这样搭配，杂物可以那样收纳等，许多的生活常识和装饰灵感在这里悄然迸发。久而久之，宜家成为家居的代名词。

有价值的低价格

2003年9月1日，宜家家居在华销售的1000种商品全部降价销售，2003年的新产品目录册中，平均降价幅度达到30%以上。其中最大降幅达到65%左右。宜家公司中国市场的行销策略是将大众路线执行到底，即降价再降价，其未来目标顾客将锁定家庭月平均收入为3350元以上的工薪客户群体。

宜家采取的策略是非常稳健的，先进行精品、高档的形象铺垫，然后进行循序渐进的价格滑落，这使顾客始终感觉宜家产品的价格不太高，又不让顾客觉得是便宜货，保持着“有价值的低价格”的策略点。

透明行销

跟国内的很多家具店动辄在沙发、席梦思床上标出“样品勿坐”的警告相反，在宜家，所有能坐的商品，顾客无一不可坐上去试试感觉。宜家出售的一些沙发、餐椅的展示处还特意提示顾客：“请坐上去！感觉一下它是多么的舒服！”

此外，宜家的店员不会像其他家具店的店员一样你一进门就对着你喋喋不休，你到哪里她们跟到哪里，而是非常安静地站在另一边，除非你主动要求店员帮助，否则店员不会轻易打扰你，以便让你静心浏览。

在宜家，用于对商品进行检测的测试器总是非常引人注目。在厨房用品区，宜家出售的厨柜从摆进卖场的第一天就开始接受测试器的测试，厨柜的柜门和抽屉不停地开、关着，数码计数器显示了门及抽屉可承受开关的次数。看了以上的介绍，再坐上去亲身感受一番，你还会担心自己购买后上当吗?

而且宜家的透明策略是绝对的不打折扣的直销，为了保证对产品价格以及整个销售体系的控制，宜家一直拒绝对旗下的产品进行批发，对大宗团购客户也不提供任何"让利"服务，让顾客感觉其购买的商品"极具价值"。

要知道，精明的客户真正购买的永远是价值。只要让他们感觉到所获得的价值远远超过付出的价格，那么成交的可能性就会大大提高。总之，强调价值，淡化价格，是与精明人做生意的一大原则技巧。

为顾客创造最大的价值，这不仅是一种口号，更重要的是要落实到行动中。与精明人做生意，要让他们充分认识到我们的产品或服务的价值，同时弱化他们对价格的感知度。唯有如此，生意才会持久兴盛，进而赢得合理且丰厚的利润。

第三章

友善互助：与精明人一起赚钱

精明人固然看重利益，但他们也是讲情理的人，他们懂得人情世故，懂得有比金钱更重要的东西，他们知道人间情义才可久远，知道“人对我有恩，我对人有义”。因此，与精明人做生意同样需要厚道一些。对他们友好守信，他们也会报以善意真心，共同把生意做得红火兴旺起来。从根本上说，精明人很清楚做生意的各方“你中有我，我中有你”，即互利共赢的道理。

互利共赢，互惠互利

互惠互利从来都是做生意的基本原则，精明人深谙并信奉这一点。因此，与精明人做生意自然要从他们的利益诉求点出发，争取在满足其利益的基础上实现自己的利益，并使双方形成长期合作共赢的良好局面。

2003年8月，我国某进出口公司从国外进口20万台刻录机产品，我方考虑到该产品质优价廉，颇受消费者欢迎，各大经销商竞相订货，该公司通过经营该商品也获利颇丰，尽管由于对方延期交货使该公司失去几次展销良机，蒙受了一定量的经济损失，但为了双方长久友好的贸易往来，并未对外商提出制裁。

此后不久，刻录机产品在国内供不应求，该公司准备进一步同外商洽谈重复进口该产品事宜，为给国家节约外汇资金，同时也为了降低进口商品的采购成本，提高公司的赢利水平，该公司欲向对方提出降价10%的要求。他们当然知道，在国际市场未发生变化的情况下，若在双方谈判一开始就提出该要求肯定会遭到对方拒绝，对方断难接受，而这就必须采用一定的谈判技巧，迫使其就范。

于是，我方经过研究，找到了问题的突破口，设计了一套颇为周密的谈判方案。谈判伊始，我方就在上次那20万台产品延期交货一事上大作文章。我方说："由于你们上次延期交货，使我方失去了几次展销良机，从而导致我方遭受了重大的经济损失。"精明的对方听罢，以为我方会提出索赔要求，自然心慌意乱，忙不迭地对延期交货问题加以解释，表示歉意，尔后便诚惶诚恐、心神不安地等待我方的反应。看着时机已成熟，我方趁机提出削价的要求，明确指出希望上次延期交易的损失能通过这次减价10%来弥补，对方无奈，只好表示同意。于是，我方又乘胜追击，提出由原来的预定的20万台增加到50万台，对方最终不得不在合同上签字，谈判圆满成功。老练的谈判者在谈判中常常避免就自己真正关心的问题进行强攻，而是指左趋右，绕道迂回前进，使对方顾此失彼，首尾不能相接，最终不得不妥协，因而双方的合作得以长期顺利进行。总结起来说，此次谈判的成功归因于双方基本上照顾到了彼此的利益诉求点，互谅互让，实现共同发展和赢利。

“人人为我，我为人人”，做生意必须做到利己利人。因为买卖双方都要生存发展，都要赚钱，所以必须精诚合作，互惠互利，绝不能只为自己赚钱而不管对方死活。也就是与人方便，自己方便；帮助别人，自己也受益。与精明人做生意，也同样需要如此，正可谓：大家赢才是真的赢。

精明人大多是懂得人情事理的。与他们做生意时，若是我们主动为他们的利益着想，在适度满足他们合理需求的基础上，他们自然也乐意尽力满足我们的需求。互利共赢才是永恒不变的生意法则。

用真诚打动精明人

情义无价，精明人也为真情所动。“精诚所至，金石为开”，就是说诚心能够感动像金子那样坚硬的东西。在经商过程中，即使是最精明挑剔的顾客，也能靠发自内心的真诚去打动他。

其实，顾客们花钱购买商品，除了以钱换物之外，还希望得到另一种

不花钱的额外商品，那就是你的“诚意”。诚意就是对顾客发自内心的尊重。俗话说“你敬我一尺，我敬你一丈”，只有用真诚、有礼貌的服务使顾客心满意足，才能赢得回头客。

在竞争激烈的商品战中，人们一般比较注重产品的质量，以优质的质量占领和扩大市场，力争获得更多的利润。而对于经商过程中感情的投资则注意不够。让我们看看浙江嵊县工艺竹编厂厂长王银飞是如何感动精明的客户而成功经营生意的。

浙江嵊县工艺竹编厂厂长王银飞在经营中，除了狠抓产品质量、信守合同、重视信誉外，还舍得在感情上投资，使得该厂在强手如林、竞争激烈的竹编行业里兴旺发达，立于不败之地，被人称誉为既有真本事又有人情味的女企业家。

有一次，一位日本包销商来到嵊县竹编厂，王银飞在百忙中，专门抽出时间陪他们聊天、参观，请他们看样品、提意见，并耐心详细地解答了日商提出的各种问题，使日商对王银飞产生了一种信任感。王银飞觉得只让日商了解产品还不够，还应该让他进一步了解职工们的精神风貌，于是决定举行一次全厂职工的文艺晚会，特邀日商参加。本来，精明的日商已决定这天去邻县竹编厂，可是，当王银飞把举办联欢会的安排同客人一说，日商盛情难却，便满口答应下来。邻县的竹编厂见日商到来，也是盛情接待，并百般挽留，客商还是于当天赶回了嵊县竹编厂，兴高采烈地参加联欢晚会，宾主载歌载舞，感情十分融洽。王银飞和全厂职工的热情，给客商留下十分难忘的印象。日本客商回国后，即使躺在病床上仍然想着嵊县竹编厂，1986 年，他在刚刚动过胃切除手术不久就来到了嵊县竹编厂，一次就包销了 200 多万元的竹编产品。

王银飞不仅对外商满腔热情，对国内客户也怀着真挚的感情。1984 年的一天，一位行事果断且精明的哈尔滨客户来到嵊县竹编厂，打算请他们专门生产一种酒瓶套。王银飞热情接待了他，向他介绍本厂的产品，并应客人的要求，让创作组连夜赶制了 4 个样品，供客人选择。样品出来后，客户非常高兴，立即选定了其中的两种，当场要20 万只。只是第二天，客

人又变卦了，提出只要6万只，他自知理亏，十分抱歉地向王银飞说明了原委。王银飞不但没有责怪他，反而称赞他想得周到、细致，并帮他算了笔经济账，告诉他如何加快资金周转。这种将心比心、真诚待人的态度，使客户非常感动，并诚恳地表示：“以后我厂若要竹编产品，就一定来嵊县竹编厂订购。”果然，没过多久，他又订了10万件竹编酒瓶套，还特地从哈尔滨赶来参加了用户座谈会，赞扬王银飞的工作和为人。

真诚胜于黄金白银！再精明的人也会为真情而感动。生意场上，如果我们始终真心诚意地友善待人，令对方心悦诚服，乃至彼此成为好朋友，那么精明的顾客会更愿意与我们合作，共同获得生意的巨大成功。

当初李嘉诚的长江塑胶厂刚刚有点起色的时候，同行业竞争对手就开始打压他们。当时有人偷偷拍摄了几张长江塑胶厂破烂不堪的厂房照片，并将其刊登在报纸上，借此向所有与李嘉诚有合作意向的代销商暗示：在破烂不堪的厂房里怎能生产出质量好的产品。

此报道一出，的确破坏了李嘉诚的形象，许多客户开始对李嘉诚失去信心。但是，身处风口浪尖的李嘉诚却并未自乱阵脚，他非常冷静，既没有反击敌人，也没有为自己辩驳。他只是默默地背起自己的产品，开始走访香港的代销商。在同客户交流的时候，李嘉诚也非常坦白，他坦诚厂房破烂是事实，但是这并不影响其产品的质量。为此，他还真诚地欢迎代销商到厂区内进行考察，承诺质量是根本，如果客户对产品不满意，随时都可以更改订单。

这番真诚而动情的话深深地感动了那些精明的代销商，而此举也使李嘉诚安然地度过了这场致命的危机。

李嘉诚至真至诚的言行打动了代销商，使自己的生意化险为夷，平稳渡过难关。因此，与精明人做生意一样需要真诚为怀，信守承诺，最终实现长久合作与共赢。

凡是人都有感情，真心诚意比金贵。与精明人做生意，要懂得重情守义，以情感人，以义服人。恪守或遵行这一信条，才可能真正打动生意伙伴的心，使双方保持良好的生意合作关系。

比对方想得更长远深入

商人重利乃天性，精明的商人更精通此理。要赢得生意上的成功，就要多为对方的利益考虑，在满足对方利益的基础上，也同时有效实现自己的利益，力争互利双赢。例如，7－ELEVEN 便利店总部为全球特许经营的加盟分店考虑得十分深远周到，因此 7－ELEVEN 便利店发展成为全球店铺总数第一的大型连锁经营企业集团。

“7－ELEVEN”公司是世界上最大的便利店特许组织，至 1992 年年底，该公司在全世界 22 个国家和地区拥有 13590 个分支店。在我国的深圳，该公司自 1992 年起，就开始以自营的方式开展业务，并以出售区域特许权的方式在中国开展特许业务。

为分店着想的特许制度

“7－ELEVEN”便利店的店铺营业面积按总部统一规定，基本上为 100 平方米。商店的商品构成为：食品 75%，杂志、日用品 25%。商店的商圈为 300 米，经营品种达 300 种，都是比较畅销的商品。另外，总部每月要向分店推荐 80 个新品种，使经营的品种经常更换，能给顾客以新鲜感。商店内部的陈列布局，由总部统一规定、设计。商店的建设、管理遵循四项原则：①必须商品齐全；②实行限度管理；③店内保持清洁明快；④亲切周到的服务。这四项原则即是“7－ELEVEN”便利店成功的秘诀。

“7 - ELEVEN”便利店成功的特许制度还包括

（1）培训受许人及其员工

“7 - ELEVEN”公司为了使受许人适应最初的经营，消除他们的不安和疑虑，在新的特许分店开业之前，对受许人实行课堂训练和商店训练，使其掌握 POS 系统的使用方法、接待顾客的技巧、商店的经营技术等。另外，总部还应店主的要求，为提高员工、临时工的业务经营能力，围绕商店营运和商品管理、接待顾客等内容，集中进行短期的基础训练。

（2）合理进行利润分配

毛利分配的原则是：总部将毛利额的 57% 分给 24 小时营业分店（16 小时营业的为 35%），其余为总部所得。商店开业 5 年后，根据经营的实际情况，还可以按成绩增加 1% ~3%，对分店实行奖励。

如果毛利率达不到预定计划，分支店可以保证得到一个最低限度的毛利额，保证其收入。

（3）给予多项指导

总部对分支店进行开业前的市场调查工作，并从经营技巧培训、人才的招募与选拔、设备采购、配货等方面对分支店给予支持。总部还指导分支店的日常经营、财会事务等工作，还负责向分店提供各种现代化的信息设备及材料。

协助受许人加入“7 - ELEVEN”体系的程序

（1）公司接待潜在受许人

负责接待的总部人员为了能使来访者成为受许人，向他们仔细介绍公司特许权的情况，并与之认真协商。

（2）介绍“7 - ELEVEN”便利店的详细情况

A. 调查店址：为确定能否作为分支店经营场所，总部要进行商圈、市场等方面的详尽调查，并将搜集的数据认真加以分析、研究；

B. 说明特许合同的内容：就特许权的各项内容和规定，逐条解释说明；

C. 签订特许合同：在申请人充分研究了业务内容和合同内容，并决定加入后，正式签订合同。

（3）商圈的设计与装修

设计部门详细研究了顾客的经营对策后，设计商店装修方案。

（4）签订建筑承包合同

商店设计完成后，总部负责介绍建筑施工公司，并负责签订建筑承包合同，同时协助进行融资。

（5）准备开业

在施工的同时，订购各种设备和柜台，并进行店内布局设计和促销准备工作。

（6）店主培训

就开业所必需的准备事项、计算机系统的操作管理、商店营运技巧等，对店主进行培训指导，使其真正掌握。

（7）开业前的商品进货及陈列

此时总部有关人员亲临商店，选择供应商，提供进货信息，传授陈列技巧。

（8）交钥匙

在开业前一天，将商店的钥匙与竣工证书一同交给店主。

（9）开业

将开业的广告宣传品通过各种途径发放。

（10）开启信息系统

连通商店的计算机终端与总部的主机，指导和支持商店的营运。

（11）现场支持人员对各分店进行巡回指导

及时对巡回过程中发现的分支店经营中可能出现的问题进行协助解决。

由于“7－ELEVEN”便利店总部为受许人考虑得如此细致长远，并且各项支持措施切实可行，成效显著，因此得到广大精明的潜在受许人的青睐并全心投入运营工作，积极配合总部开展经营活动，取得双方都极为满意的利润回报。

做生意都是为了要赢利，这是不言而喻的。为了使精明人愿意与你做生意，就要尽可能比他们想得更长远深入，力争使他们通过生意合作而长久有利可图。诚如“无利不起早”，对于生意人来说，有利润才有动力可言。

关键时拉精明人一把

助人者自助——与精明人做生意也是一样的道理。在精明人需要帮助的时候，如果我们慷慨施以援手，那么在适当之时，生意上的成交便会水到渠成。

彩色打印机刚刚问世的时候，销路并不是很好，一位彩色打印机推销员致电一家广告公司的总裁丹佛斯先生，准备向他推销彩色打印机。丹佛斯是个精明的保守派人士，他认为自己的公司购买彩色打印机需要支付一笔额外的费用，但推销员则认为购进彩色打印机后能为公司省下可观的时间成本，并迅速提高工作质量和效益。

这位推销员告诉丹佛斯先生说：“我们有一款绝对符合你的理想的彩色打印机，我想让你先试用看看。”丹佛斯先生经过一番考虑后接受了这项提议，他虽然感到满意，但他并不觉得有必要买下彩色打印机。于是，推销员告诉他说：“丹佛斯先生，您可以先拿一台彩色打印机到公司试用，就把它当成你自己的彩色打印机用吧！你并不需要承担任何义务！”这个当然是难以拒绝的提议，因为丹佛斯先生自己的广告公司并不需要承担任何义务。刚好这周期间，丹佛斯先生临时紧急需要给一家重要的广告客户提交一个方案，而这台彩色打印机使他能够更有效率且高质量地完成打印方案资料的任务，客户对该方案的打印及呈现效果记忆深刻，大加赞赏，并且当场就与丹佛斯先生达成合作意向。

当一周过后，推销员回来试图促成这笔交易时，丹佛斯先生已经有意买下这台彩色打印机，并签下订购10台该款彩色打印机的合同。

推销员大方地为精明的客户提供帮助，也成功地展现了他的商品的效用，因而做成了这笔生意。他让丹佛斯先留下彩色打印机并使用它，让他了解该款彩色打印机能带给他非同寻常的便捷与效益。这位销售员运用促销的技巧，任彩色打印机自己展现其效用而得以成交。

在生意场上，可以说，帮别人就是帮自己。

甘道夫刚开始干保险时就曾暗暗发誓，每年都要跟踪拜访所有客户一次，他确实也这么做了。例如有一位大学生从他那里买了一千美元的人寿保险，后来毕业当了兵，甘道夫又卖给他一万美元的保险。后来他去了佛罗里达，在州参议院任侍从，虽然离得很远，但甘道夫一直保持一年至少跟他联系一次。

有一次，在州参议员的家庭鸡尾酒会上，一位客人惊厥病发作。这位侍从曾受过心脏复苏训练，救了他的命。而这位病人又恰巧是全美首富之一。过了几年，这位商人打算融一大笔钱投资房地产。这位侍从马上拨通甘道夫的电话说："甘道夫，我知道你的保险业做得很大，可以帮个忙吗？"

"没有问题！"甘道夫爽快地说。

"参议员的朋友要融资搞一个房地产项目，你能否帮他与你的一位主顾搭个桥？"

"可以。"甘道夫回答。

说完，甘道夫便给几家保险公司打电话，安排了其中一家跟这位商人见面。

时隔不久，这位精明的商人邀请甘道夫到他的游艇上去做客。那天下午，甘道夫卖给他两千万美元的保险，为那笔贷款做保险。

人同此心，心同此理。精明人也是如此。我们帮助了别人，别人自然难以忘记。完全可以说，甘道夫在关键时刻爽快地答应并帮助了别人，因此他赢得了一笔保险大单。

乐于助人是做人的一种优良品德。在生意场上，尽己所能为精明的潜在客户提供合理合情的帮助，必然能促进双方的良性关系和友好感情，因而也必定有利于生意的成交。

精心服务，让利优惠

做生意实际上就是利益的交换。只要有关各方的利益有效得到满足，生意就能顺利成交。精明人深知这个道理。因此，与精明人做生意，遵循"利益交换"的原则来思考和行事，必将无往而不利。

中国第一家中美合资的宾馆——北京长城饭店开业伊始，面临的首要问题就是如何招徕顾客。按照通常的做法，应该在中外报刊、电台、电视台做广告等。这笔费用是十分昂贵的，国内电视广告每30秒需数千元，每天需插播几次，一个月最少需要几十万元。但由于北京长城饭店的基本客户来自中国香港、中国澳门及海外各国，这就需要海外的宣传，而香港电视台每30秒钟的广告费最少是3.8万港元，若按内地方式插播，每个月需几百万元人民币。至于外国的广告费，一个月下来更是个天文数字了。一开始，北京长城饭店也曾在美国的几家报纸上登过几次广告，后来因为经费不足，收效又不佳，只得停止广告攻势。

广告攻势虽然停止了，北京长城饭店宣传自己的公关活动却没有停止，他们只不过是改变了策略。北京市为了缓解八达岭长城过于拥挤之苦，整修了慕田峪长城。当慕田峪长城刚刚修复、准备开放之际，北京长城饭店不失时机地向慕田峪长城管理处提出由他们来举办一次招待外国记者的活动，一切费用都由北京长城饭店负担。双方很快便达成了协议。

在招待外国记者的活动中，有一项内容是请他们浏览整修一新的慕田峪长城，目的当然是想借他们之口向国外宣传新开辟的慕田峪长城。这一天，北京长城饭店特意在慕田峪长城脚下准备了一批小毛驴。毛驴是中国古代传统的代步工具，既能骑，也能驮东西。如果长城、毛驴被这些外国记者传到国外，更能增加中国这一东方文明古国的神秘感。这次北京长城饭店准备的毛驴，除了一批供给愿意骑的记者外，大部分是用来驮饮料和食品。当外国记者们陆续来到山顶之际，主人们从毛驴背上取下法国香槟酒，在长城上打开，供记者们饮用。长城、毛驴、香槟、洋人，记者们觉得这个镜头对比太鲜明了，连连叫好，纷纷举起了照相机。照片发回各国之后，编辑们也甚为动心。于是，第二天世界各地的报纸几乎都刊登了慕田峪长城的照片。北京这家以长城命名的饭店名声也随之大振。

通过这次活动，北京长城饭店的公关经理、一位当过记者的美国小姐，尝到了通过编辑、记者的笔杆和镜头，把长城饭店介绍给世界各国，不仅效果远远超过广告，而且还可少花钱的甜头。于是，精明的公关小姐心中盘算着举办一次更大规模的公关活动。

机会终于来了。1984年4月26日到5月1日，美国总统里根将访问中国。北京长城饭店立即着手了解里根访华的日程安排和随行人员。当得知随行来访的有一个500多人的新闻代表团，其中包括美国的三大电视广播公司和各通讯社及著名的报刊之后，北京长城饭店的这位公关经理真是喜出望外，她决定把早已酝酿的计划有步骤地付诸实施。

首先，争取把500多人的新闻代表团请进饭店。他们多次邀请美国驻华使馆的工作人员来长城饭店免费参观品尝，在宴会上由饭店的总经理征求客人对服务质量的意见，并多次上门求教。在这之后，他们以美国投资的一流饭店，应该接待美国的一流新闻代表团为理由，提出接待随同里根的新闻代表团的要求，经双方磋商，长城饭店如愿以偿地获得接待美国新闻代表团的任务。

其次，在优惠的服务中实现潜在动机。长城饭店对代表团的所有要求都给予满足，为了使代表团各新闻机构能够及时把稿件发回国内，长城饭店主动在楼顶上架起了扇形天线，并把客房的高级套房布置成便利发稿的工作间。对美国的三大电视广播公司，更是给予特殊的照顾。将富有中国园林特色的“艺亭苑”茶园的六角亭介绍给CBS公司、将中西合璧的顶楼酒吧“凌霄阁”介绍给NBC公司、将古朴典雅的露天花园介绍给ABC公司，分别当成他们播放电视新闻的背景。这样一来，长城饭店的精华部分，尽收西方各国公众的眼底。为了使收看收听电视、广播的公众能记住长城饭店这一名字，饭店的总经理提出，如果各电视广播公司只要在播映时说上一句“我是在北京长城饭店向观众讲话”，一切费用都可以优惠。精明而富有经济头脑的美国各电视广播公司有关负责人自然愿意接受这个条件，暂当代言人、做免费的广告，把长城饭店的名字传向世界。

有了这两步成功的经验，长城饭店又把目标对准了高规格的里根总统的答谢宴会，要争取到这样高规格的答谢宴会是有相当大难度的，因为以往像这样的宴会，都要在人民大会堂或美国大使馆举行，移到其他地方尚无先例。他们决定用事实来说话。于是，长城饭店在向中美两国礼宾司的首脑及有关执行部门的工作人员详细介绍情况、赠送资料的同时，把重点放在了邀请各方首脑及各级负责人到饭店参观考察上，让他们亲眼看一看长城饭店的设施、店容店貌、酒菜质量和服务水平，不仅在中国，即使是在世界上也是一流的。到场的中美官员被事实说服了，当即拍板，还争取到了里根总统的同意。

获得承办权之后，饭店经理立即与中外各大新闻机构联系，邀请他们到饭店租用场地，实况转播美国总统的答谢宴会，收费可以优惠，但条件是：在转播时要提到长城饭店。

答谢宴会举行的那一天，中美首脑、外国驻华使节、中外记者云集长城饭店。电视上在出现长城饭店宴会厅豪华的场面时，各国电视台记者和美国三大电视广播公司的节目主持人异口同声地说：“现在我们是在中国北京的长城饭店转播里根总统访华的最后一项活动——答谢宴会……”在频频的举杯中，长城饭店的名字一次又一次地通过电波飞向了世界各地，长城饭店的风姿一次又一次地跃入各国公众的眼帘。里根总统的夫人南希后来给长城饭店写信说：“感谢你们周到的服务，使我和我的丈夫在这里度过了一个愉快的夜晚。”

通过这一成功的公关活动，北京长城饭店的名声大振。各国访问者、旅游者、经商者慕名而来，美国的珠宝号游艇来签合同了，美国的林德布来德旅游公司来签订合同了，几家外国航空公司也来签合同了。后来，有38个国家的首脑率代表团访问中国时，都在长城饭店举行了答谢宴会，以显示自己像里根总统一样对这次访华的重视。从此，北京长城饭店的名字传了出去。

无数事实表明：与精明人做生意，只要把握好利益交换原则，同时提供出色的优质服务，使对方获得更多的让利优惠，那么成交必在情理之中。

生意就是彼此为满足各自的利益而进行的有关商品或服务的交易活动。为此，与精明人做生意不仅要关注自己的利益，同时还应尽心为对方的利益着想，本着互利双赢的原则来开展业务，那么生意的成功会来得更顺利如愿。

用坚忍赢得对方好感

水滴石穿和绳锯木断的道理，几乎人人知晓。同样，在生意场上，坚忍的精神所向无敌。与精明人做生意，这种宝贵的精神依然威力无穷。

美国EDS公司成立于1962年，它的14多万名员工分布在全球60多个国家，年营业收入超过250亿美元，是全球最领先的信息技术（IT）服务公司之一。EDS公司的老板罗斯是以坚忍不拔而闻名的，EDS的一次调查显示：85%的客户在购买其产品前不止一次说过"不"字。

早年，罗斯在IBM公司做销售，其负责的区域内最大的潜在客户是西南人寿保险公司。由于IBM的推销员去的次数太多，以至该保险公司指示门卫"凡IBM的推销员一概不得入内"。

但罗斯不断地去试，结果连门卫也懒得对他说"不"。最后，他终于见到该公司的高层经理，让他们接受了IBM电脑。

但是仍有一个人除外，那就是董事长伍德，想说服他并不容易。

罗斯开始琢磨怎么才能跟他见面。后来罗斯灵机一动，想起他的上司说过，IBM公司始终不渝地支持推销员开展工作。于是，他直接去找地区销售经理温德勒，告诉他："我想请行政总监沃森跟我一起去拜访一位客户。"请行政总监跟新来的推销员一同出马，这念头大出温德勒所预料，于是他说："沃森先生是位出色的推销员，可他对保险业并不很熟。请数据处理总裁琼斯一起去怎么样?"有数据处理总裁陪同，的确能增强信心。罗斯熬了几夜把有关西南人寿以及保险业的材料全都看了。

伍德虽然耐心听了他们的销售计划，但罗斯觉得并没有怎么打动他。事后伍德向手下的一位副总裁打听："跟琼斯一块来的那小伙子是谁?"显然，罗斯的那些准备工作给他留下了印象。

后来伍德同意再见罗斯一次。这回，罗斯问了他一大堆问题以便弄清IBM公司的设备如何能帮他们解决问题。罗斯发现西南人寿的工作量只需一台电脑工作一个轮班就够了。于是，他说服伍德买一台，然后把晚班时间租给蓝十字公司使用。这样，双方共同分担成本，共同受益。

伍德终于同意签订合同，但在签合同前却想改动合同内容。当时的IBM从不修改合同，罗斯就拨通公司法律部门负责人的电话，对他说："你能帮我做成公司在本地区有史以来最大的一笔生意，但他们需要在合同上做一点点小小的改动。"

“罗斯，公司一般情况下是不会修改合同的。”

“这点改动无关紧要。”罗斯说。

“你要改什么？”听完罗斯的解释后，负责人想了一会儿说：“我们改。”

罗斯说：“那给我发封电报来。”他拿着电报到了伍德的办公室，告诉他将按他的要求改动合同。伍德看电报时，罗斯把合同放在他的案头，接着把笔递给了他。

“罗斯，你很坚忍。”他说完微微一笑，挥笔签了合同。此后，他们也成为了很好的朋友。

坚持不懈地进行销售工作，这是罗斯赢得生意成功的重要法宝。其实，精明人也对坚忍精神俯首称臣，甚至“束手就擒”。

另外，在生意场上，精明人时常会摆出冷峻的一面，以便拒绝别人的恳求。如果遭到对方这样的冷遇，我们该怎么办？在这个时候，你既要懂得坚持，也要学会灵活对待。

土光敏夫是日本的大财阀，但他的成就从坚持开始。早在1946年，土光敏夫被推举为石川岛芝浦公司的总经理。当时，“二战”后的日本经济萧条，百姓生活窘迫，企业的发展更是陷入在困难时期，其中最大的困难就是筹措资金。即使是那些著名的大企业，资金也相当紧，更何况芝浦这种没有什么背景的小公司，就更没有哪家银行肯贷款给它了。土光担任总经理不久，生产资金的来源就搁浅了。为了筹措资金，土光不得不每天去走访银行。

一天，土光端着盒饭来到第一银行总行，与营业部部长——长谷川重三郎（后升为行长）商议贷款事项。土光一上来就摆出了不达目的誓不罢休的气势。长谷川则装出爱莫能助的无奈之态，并且对他非常冷淡。土光说了大半天，他还是一声不吭，结果谈了半天也没谈出结果来。时间过得飞快，很快就到了吃晚饭的时间了，一看到疲倦的长谷川有点想要溜走的样子，土光便慢条斯理地拿出了带来的饭盒，关心地问：“你也饿了吧？那让我们边吃边谈吧，谈到天亮也行。”硬是不让长谷川与营业员走开。

他的诚心和耐心打动长谷川，长谷川只好服输，最终贷给了土光所希望的款项。后来，为了使政府给机械制造业支付补助金，土光曾以同样的方式向政府开展申诉活动。凭着在冷遇面前不灰心，他屡战屡胜，就这样，在政府机关集中的霞关一带，说客土光敏夫的大名流传开来。土光敏夫也因此在日后成为日本企业界一个颇负盛名的经营家，他曾相继担任了日本石川岛造船所总经理、东芝公司总经理、日本经济团体联合会会长，并被称为东芝的经营之王。

从以上例子我们可以将土光敏夫使用的“战略”归纳为以下三点：

第一，“脸皮要厚”，不至于一见到“钉子”就缩回头；

第二，明显地表达了不达目的不罢休的决心；

第三，表面上是软磨硬泡的无理性，实际上是以真诚感动了对方。打个比喻，就是要设法软化被泡对象，讲究“泡法”的礼貌性、合情理。要不温不火，更不能让对方真的生气而反脸相向。

变则通，当我们与精明人谈生意时，想达到预期的目的，就要学会变通。即采用灵活的方法来化解对方的冷遇，并坚持不懈地努力达成生意目标。

对于任何事情的成功来说，没有什么可以取代坚持不懈的毅力所产生的巨大作用。与精明人做生意同样离不开坚忍的力量，只要目标坚定，同时讲究适当的方法，那么生意的成交就如“板上钉钉”一样是意料中的事。

让精明人对你信赖

精明人通常相信自己亲身经历的事情或感受。因此，一个成功的经营者，能运用技巧让精明的顾客产生参与感，从而使其体验到产品的好处，形成一种强大的影响力，让顾客最后接受自己的建议并实现交易。

史密斯先生在美国亚特兰大经营一家汽车修理厂，同时还是一位十分有名的二手车推销员，在亚特兰大奥运会期间，他总是亲自驾车去拜访想临时买部廉价二手车开一开的精明顾客们。

他总是这样说："这部车我已经全面维修好了，您试试性能如何？如果还有不满意的地方，我会为您修好。"然后请顾客开几公里，再问道："怎么样？有什么地方不对劲吗？"

"我想方向盘可能有些松动。"

"您真高明。我也注意到这个问题，还有没有其他意见？"

"引擎很不错，离合器没有问题。"

"真了不起，看来你的确是行家。"

这时，顾客便会问他："史密斯先生，这部车子要卖多少？"

他总是微笑着回答："您已经试过了，一定清楚它值多少钱。"

若这时生意还没有谈妥，他会怂恿顾客继续一边开车一边商量。如此的做法，使他的笔笔生意几乎都顺利成交。

事实上，这种提高成功率的经营术并不仅限于推销汽车，其他方面也同样适用：假如你是经营美容材料行业，你可以提供一部分试用品请顾客免费试用；推销食品则可以先让顾客品尝；经营药品不妨把试验统计结果对顾客公开。这种经营术最为有力之处就是把顾客变成主人，使顾客产生一种参与感，引起他们购买的欲望。

另外，精明人一般会谨慎入微，没有足够把握他们就不轻易冒风险。

与他们做生意，就要想方设法消除他们的顾虑，增加他们对实现生意成交的信赖感。

霍金斯服务于摩托罗拉公司，推销无线电通信产品。他曾经接触过一家行销网遍及全美国的机械设备供应商，向该公司的技术服务部门进行推销。霍金斯不断向顾客强调，摩托罗拉生产的单向呼叫系统，绝对可以提升他们的服务品质，并且可以降低人力需求。可该公司的采购人员没有理他，于是霍金斯直接求见做事精明的公司副总经理，要求对方准许他进行一项调查。研究该公司一年中，在20个城市的服务是否需要呼叫系统，对方勉强答应了霍金斯的请求。

霍金斯的研究有了结论，该公司确实需要呼叫系统，但是交易依然没有着落。于是他又提出另一项建议，让该公司在某一城市，以三个月时间为期，试用摩托罗拉呼叫系统。"这90天内，"霍金斯说，"我每天花时间在这家公司身上。"霍金斯甚至帮调度员规划更有效率的路线，同时还要安抚技术服务人员不安的情绪。"他们担心用了呼叫系统，调度员可以全面监控他们的行动。"他说。最后，霍金斯终于说服了该公司，在全国使用摩托罗拉的呼叫系统。霍金斯终于在二度尝试之后做成了生意。

可见，与精明人做生意要针对他们关心的问题，采取有效方法解除他们的担忧，为他们提供更多可靠的证据或保障，让他们感受到产品的好处。如此，成交的可能性就会大为提高。

好处人人都想要，这是人的共性心理。与精明人做生意，如果善于创造机会先让他们切实感受到自己产品或服务的好处和效用，那么一旦时机成熟，生意的成交几乎就是定局。

以心换心，携手并肩

在经营生意的过程中，再精明的人也不可能一帆风顺，遇到困难在所难免。在艰难时刻，如果对他们伸出援助之手，雪中送炭，那么当自己身处逆境时极有可能也会得到他们的鼎力支持。毕竟人心都是肉长的，助人者自助。

美国休斯可公司的创建人比尔，以350美元起家，在短短10年内发展成拥有1000万美元资产的美国最大的皮鞋制造商。他之所以能站住脚，靠的就是投桃报李。在创业初期，他深知自己财单力薄，不可能单凭个人的实力与同行业的大厂家竞争，必须联合外界的人力、物力、财力，而要做到这一点，就必须以心换心。

一次，休斯可公司生产的白鞋带、白扣的软皮鞋在俄亥俄州失去了销路，零售商天天打电话要求退货，这可急坏了负责这一地区的批发商古佳伦，他连夜赶来找比尔商量对策。如果把货收回来，积压在家里，批发商将蒙受巨大的经济损失。比尔说："你的困难，就是我的困难，不管什么原因造成的这种局面，我决不会让你受损失，你把白鞋带白扣的皮鞋统统收回，送到我这里调换别的式样的鞋。"古佳伦感动地说："但也不能让你一个人吃亏呀。"比尔亲切地说："我们都是一家人，谁受损失都一样，这事理应由我来处理。"

这件事传出以后，全国各地"精明"的批发商对比尔更加敬重了。比尔类似的事举不胜举。批发商、零售商对比尔为他人着想的做法，以实际行动给予报答。他们不仅全力推销比尔公司生产的各式皮鞋，而且在比尔遭遇灭顶之灾以后，自愿组织起来，帮助比尔渡过难关。那年，河水决堤把比尔用贷款刚刚新建的现代化皮鞋厂的设备、材料、产品冲得几乎一干二净，这对比尔来说犹如晴天霹雳，他欲哭无泪，想到了死。在万念俱灭的时候，比尔销售网中几个较大的批发商登门拜访，鼓励他“重振旗鼓”。

可是，比尔连还债的钱都没有，哪还有资金兴建工厂。一位批发商爽快地说：“你放心，只要你肯继续干下去，钱的事包在我们身上了。”另一位说：“过去我们困难的时候，你帮助了我们，现在我们也决不能昧良心，袖手旁观。”五天后，那几位大批发商召开了来自全国各地几百位批发商的集资大会，仅仅两个小时，就凑齐了比尔重新建厂的资金，一星期后，比尔恢复了工厂生产，而且产品很快畅销，赢利越来越大。

人非草木，孰能无情。比尔在别人困难的时候舍己为人，伸出援助之手，当他遭受灭顶之灾时，得到了回报。其实，通过互助互利而把生意发展壮大起来的成功事例举不胜举。

英国友尼利福公司经理柯尔在企业经营中，有一个基本的信条，即“不拘束于体面，而以相互利益为前提”。依据这一信条，他在企业经营和生意谈判中常常采用退让策略。在一定情况下，甘愿妥协退步，以赢得时机发展自己，结果可能是退一步，进两步，实质上还是自身获益。

友尼利福公司在非洲东海岸早就设有大规模的友那蒂特非洲子公司，那里有丰富的肥料，并适合于栽培食用油原料落花生，是友尼利福公司的一块宝地，也是其主要财源之一。第二次世界大战结束后，随着非洲民族独立运动的兴起和发展。友尼利福这些肥沃的落花生栽培地一块块地被非洲国家没收，使公司面临极大的危机。针对这种形势，柯尔对非洲子公司发出了六条指令：第一，非洲各地所有友那蒂特公司系统的首席经理人员，迅速起用非洲人；第二，取消黑人与白人的工资差异，实行同工同酬；第三，在尼日利亚设立经营干部养成所，培养非洲人干部；第四，采取互相受益的政策；第五，逐步寻求生存之道；第六，不可拘束体面问题，应以创造最大利益为要务。柯尔在与加纳政府的交涉中，为了表示尊重对方的利益，主动把自己的栽培地提供给加纳政府，从而获得精明的加纳政府的好感。后来，为了报答友尼利福公司，加纳政府指定友尼利福公司为加纳政府食用油原料买卖的代理人，这就使柯尔在加纳拥有独占专利权。在同几内亚政府的交涉中，柯尔表示自行撤走公司，他的这种坦诚的态度反而使几内亚受到感动，因而允许柯尔的公司留在几内亚。在同其他几个国家的交涉中，柯尔也都采用了退让政策，从而使公司平安地渡过了难关。

在生意场中，必要的退让可以换来更大的利益；一味地咄咄逼人则有可能使你陷入死胡同。精明人也非常明白且认可这一点。当然，退让策略的运用，既要适时，又要得体，一定要充分掌握对方的心理活动，使自己有必胜的信心，同时，要对自己控制局势的能力有正确的估计，万不可不分时机地滥用。

患难见真情，生意场也是同样的道理，艰难时刻给对方伸出的援手弥足珍贵，并且通常会赢得超出想象的巨大回报。这对自己的生意面临困境时突破难关，以及进一步发展壮大无疑起到十分关键的作用。

第四章

比他更精明：让精明人跟随你

精明人以精明著称，他们为人做事通常考虑得比一般人细致深入一些。当然，凡事都有两面性，精明可能带来好处，也可能会产生某些负面作用。因此，与精明人做生意既要充分借助他们精明的好处，又要防止他们的精明所具有的反作用。换一句话说，与精明人做生意，要尽可能比他们更精明一些，才能游刃有余地达到预期的赢利目标。

乘虚而入，“调虎离山”

一些精明人通常得寸进尺、野心勃勃，容不得别人与其进行市场竞争。与这样的人做生意，必要时可以果断抓住良机，趁虚而入，设法突破和瓦解他的“诡计”，防止他的某些图谋得逞，最终保护自己的商业利益。

范旭东被称作“中国民族化学工业之父”，他同时也是我国20世纪早期一位有远见的企业家，四十年间驰骋商场。在共和国创立后不久的一次谈话中，毛泽东说：中国实业界有四个人不能忘记，“搞重工业的张之洞，搞化学工业的范旭东，搞交通运输的卢作孚和搞纺织工业的张謇”。

范旭东原本从事盐业生产，第一次世界大战爆发后，“洋碱”输入中国大幅度减少，中国的碱市场出现异常稀缺的状况。机会难得，在范旭东的极力倡导下，中国第一家制碱企业即永利制碱公司于1918年宣告成立。

永利制碱公司的成立，引起英国卜内门公司的极大不快，卜内门公司驻华经理对范旭东说：“碱在中国的确非常重要，只可惜先生办得早了些，就条件上说，再晚30年不迟。”

范旭东立刻反驳道：“恨不得早办30年，事在人为，今日急起直追还不算晚。”

英国卜内门公司一直垄断着中国碱市场，第一次世界大战后，它又卷土重来，见到中国自己的制碱企业成功了，便恼羞成怒地向永利制碱公司发起猛烈进攻，但是没有成功。卜内门公司不甘心与永利制碱公司共享市场，便又调来一大批纯碱以低于原价的40%在中国市场倾销，企图以此挤垮永利制碱公司。

面对卜内门公司的屡屡侵犯，范旭东决心还击。永利公司与卜内门公司实力相差悬殊，无法正面与其抗衡。如果永利公司也降价销售产品，用不了多久，实力就会损失殆尽，如果不降价，产品卖不出去，资金无法收回，再生产无法进行，用不了多久，永利公司照样破产。如何是好呢？

范旭东苦思冥想，某日，他在书房踱步，瞧见了自己年轻时因参加"戊戌变法"失败后逃亡日本留学时的相片，触景生情受到启发，现在为什么就不能暂避卜内门公司的锋芒而去日本发展呢？公司的创立，不就是钻了卜内门公司无暇顾及的空隙吗？范先生决定东渡日本，替永利制碱公司谋求生存和发展，他立即着手市场调查分析及计划实施。"日本是卜内门公司在远东的大市场，战争刚刚结束，百废待兴。卜内门公司产量有限，能运到远东来的数量就不会太多。卜内门公司现在在中国市场倾销这么多碱，那运到日本的数量肯定不多，日本的碱市场肯定缺货。我何不来个'调虎离山'之计，趁机将碱打入日本市场，等它回顾日本市场时，我公司再猛击它在中国的碱市场，令对手穷于应付，首尾难顾。"

永利制碱公司的纯碱，虽然在日本的销量只及卜内门公司的1/10，但是却如一支从天而降的轻骑兵，向日本的卜内门公司发起突袭。

卜内门公司为了保住日本的大市场，迫不得已停止在中国碱市场进攻永利制碱公司，主动要求谈判求和，并希望永利制碱公司在日本停止挑战行动。范旭东理直气壮地说："停战可以，但得有个说法，卜内门公司今后在中国市场变动碱价，必须事先征得永利公司的同意。"卜内门公司别无选择，只好同意了。本次谈判的成功，是范旭东先生巧用"调虎离山"之计的结果，此计，使英国卜内门公司作出让步，范旭东为中国人民争了口气，同时又促进了中国民族工业的发展。

俗话说："道高一尺，魔高一丈"。生意场上，精明人的一些过分企图，我们是需要用心防备，甚至要发起回击的。唯有如此，才能避免受到他们的恶意威胁与肆意打击，从而更好地维护和实现自身利益。

在生意场上，一些精明人的做法是不得人心的。面对这样企图不良的精明人，关键时刻要敢于迎战，快速瞄准他们的市场空虚之处，坚决给予猛烈回击，迫使他们俯首求和，以便充分保护自己的整体商业利益。

周到细致，“顺手牵羊”

精明人大多贪图利益，思虑周密，只要有利可图，他们就分毫必争。因而与他们做生意，更加需要细心思量，全面权衡，以促成大体符合双方意愿的交易。

我国某公司代表团出国订购商品，他们找到日本最大的厂商询价，日方开价每台350美元，这一报价基本接近我方所掌握的国际市场价格。

我方提出能否再优惠一点，日方思忖片刻，提出可以降为345美元，并声明这是最低价了，否则将很难达成协议。

为了获取更多的利益，我方坚持再降为340美元，谈判陷入了僵局，双方争执不下。经过一段时间的反复磋商，日方权衡利弊做出了让步，同意以340美元成交，我方初战告捷，但谈判并未就此结束。

我方转而又提出能否通过增加购进数量而在价格上进一步优惠。又一个难题摆在对方面前，日方反复比较计算成本、费用、利益，最终同意在购货数量从1000台增加到1500台的基础上，以每台338美元的优惠价成交。

在接下来的谈判中，我方经过察言观色，发现对方倾向于用日元成交，于是，我方立即表明自己的态度，希望最好用美元成交，如果对方坚持用日元成交的话，那只能按当时的汇率，以每台335美元折算成日元，因为当时美元有下跌趋势，日方对此表示理解和同意。

接着，我方又提出希望能把原来的条款做一些改动，即由我方负责租船订舱和办理投保业务，运输、保险费另行计算，对此，日方没有表示异议。

最后，我方表示请日方考虑把原来的即期信用证改为见票后120天付款的远期信用证，日方开始露出为难情绪，表示对这个问题没有再讨价还价的余地。对此，我方开诚布公地向对方分析了我方面临的一系列困难。为使本项交易最终能顺利成交，日方又再次做出了一些让步，同意改为见票后60天付款的远期信用证。

成交后，我方核算下来，该商品实际进口成本尚不足330美元。而且，此后双方成为了难得的生意合作伙伴。

在这次贸易谈判中，我方先让对方自己减价，等到对方打出最低价的旗号后，我方再还价，在价格还得差不多时，再从运输、保险、结算货币、支付方式上下手，终于把350美元的报价降到了330美元以下。

生意场上，“唯利是图”固不足取，“微利是途”却值得发扬，积少成多，集腋成裘，也正是“顺手牵羊”之计的灵活运用。与精明人做生意，就更有必要精心筹谋，知己知彼，努力争取自身的最大利益。

精明人大多思维缜密，心机过人，因此要与他们分享应得的生意利润，多多少少都要遇到一些难题。为了争得自己的合理利润，我们需要比他们更早筹谋，考虑得比他们更细致入微，如此才能使他们心服口服地与我们达成双赢的合作。

出其不意，以“吉”制胜

大多数精明的顾客都很务实，与他们做生意要瞄准其心思，创新方法，多给他们带来实惠，那么再难做的生意也可以变得轻松起来。

曾经，她应聘到一家街道办菜刀厂当工人，每月工资低得可怜。

雪上加霜的是，由于产品滞销，经营艰难，最后，厂里竟发给每个员工几十把菜刀抵工资，要也得要，不要也得要。

眼看就要断粮了，没办法，她只好将那些菜刀拿到街上去卖。“卖菜刀，卖菜刀啊!”然而，她吆喝了半天，也吸引来不少围观者，但就是没人买。他们这儿摸摸，那儿瞧瞧，全都是看热闹。眼看天快黑了，一把菜刀也没卖出去，她不由得着急了，央求一位大嫂：“行行好，就买一把吧，我照本给你。”

哪知大嫂却白了她一眼说：“这东西能吃能喝？你以为我的钱没地方花？”她又赔着笑脸说道：“我们厂的菜刀物美价廉，你可以当做礼品送人呀。”但那女人却冷笑道：“送礼？人家送花是爱呀关怀什么的，你送刀，是不是暗示着‘一刀两断’‘笑里藏刀’呀？亏你想得出!”

突然间，一道灵光在她的脑海中一闪：对方这些不吉利的话，能不能将它们换过来，变成美好的祝词呢？一念至此，她非但没有生气，反而高兴起来，向那位大嫂道过谢后，就三两下收了摊，兴冲冲地跑到厂里。

只见十几个工友或站或坐着，正闹哄哄地围着厂长，说发给他们菜刀当工资，简直是没法活了，这刀哪卖得掉？“厂长，把这些菜刀全都批发给我吧。”她恳求道，“我保证，不出 3 个月，将所有积压菜刀全都卖完，并将所有货款交还厂里。”厂长将信将疑地望着她，但死马当活马医，就让她试试看吧。

她从库房中取出积压的所有菜刀，将它们重新包装，高档的包装盒上，全都写上“送礼极品”“馈赠佳品”等字样。每个盒子上都印着一两句话，诸如“抽刀断水水更流，友情天长又地久”“为朋友两肋插刀，观友谊流水知音”“上刀山、下火海，肝胆相照；刀子嘴、豆腐心，心比日月”等，还将礼盒设计成长方形，刀柄部位的空隙处，放上一块磨刀石，大字标明“买一送一”。

没想到，经此一改装，先少量地将产品投放市场，竟被务实精明的顾客们一抢而光。

不到 3 个月，所有积压产品被她销售一空。归还厂里的本金后，她净赚了 5 万元。掘到第一桶金后，她辞职搞起了一家小百货店。

10 年后，她已拥有了自己的百货连锁公司。她说，是当初那个灵光一闪的念头，让她有了今天的成就。

可见，精明的顾客大多数还是看重实际利益的。与精明人做生意，就要在给他们提供好处的基础上，多花一些精力来改变策略，这往往能改变他们的固有观念从而顺利成交。

精明人做事基本上以务实为本。与他们做生意，我们要在满足他们务实需求的基础上，出其不意地满足人人共有的追求“吉利”的普遍心愿。这种办法通常会收到出乎意料的巨大成效。

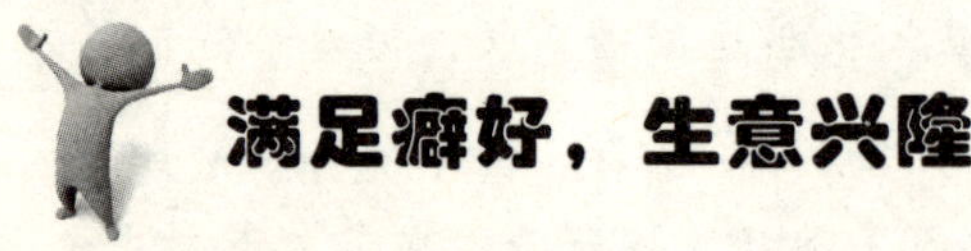

满足癖好，生意兴隆

绝大部分人都有一些癖好，再精明的人也是如此，只要我们找出并巧妙地满足他们的癖好，生意就容易取得成功。

米勒是银环餐厅的老板。这家餐厅是米勒的祖父创立的，祖父去世后由米勒的父亲接管，后来又传给了米勒，到现在已经有80多年的历史了。近几年，餐厅附近的酒吧、俱乐部、餐饮中心越来越多，建筑一座比一座宏伟，外部装潢一家比一家豪华，名字一个比一个古怪新奇。相比之下，朴实无华的银环餐厅就显得有些落伍了。虽然这里的菜肴比别家都精致，价格也更实惠，却吸引不到顾客。对此，米勒一筹莫展。

这天，米勒在街上碰到了儿时的好友，他是一位心理学教授。多年不见，两人开怀畅谈，后来说起银环餐厅的困境来。米勒觉得生意不好，关键是因为店名不够吸引人，他让老朋友帮忙想一个能吸引顾客的好名字。

“太容易了，你回去立刻改名叫‘五环餐厅’。”心理学家说，“记住在招牌上画6个圆环。”

“6个环？可你刚才不是说叫‘五环’吗？”米勒大惑不解，“这个名字也不新奇，怎么能吸引顾客呢？”

“到时候你就知道了。”老朋友胸有成竹地说。

几天后，米勒先生想不出更好的办法，于是就照朋友说的改了店名、换了招牌。奇怪的事情发生了。第二天，“五环餐厅”还没开张，米勒就看见几个过路人在门外对着新招牌指指点点，甚至有人不断地从窗户向里张望。10点钟，店门刚开，很多“精明”的人就拥进来，七嘴八舌地告诉领班：“饭店招牌上多画了一个环。”米勒在一旁觉得自己像个傻瓜，尴尬万分。

等指完错误，进来的人都为自己的观察力而沾沾自喜，并为可以展示聪明才智而感到心满意足。这时，他们闻到厨房里飘出的诱人香味，注意到餐厅高雅舒适的布置、侍者们的彬彬有礼，来挑错的人食欲大增，当即决定在“五环餐厅”吃饭。米勒听见很多人临走时说：“原来还有这么棒的一家餐厅，我以前怎么没注意到？”

那天，上门挑错的人络绎不绝，饭店的生意也空前兴隆。此后连续几个月，错招牌引来无数顾客，“五环餐厅”名声大振，越办越红火。

米勒去老友家道谢，告辞时他忍不住问："你怎么知道这招一定行呢?"

心理学家笑着回答："你难道不知道很多人最大的癖好之一就是挑毛病?"

可见，在与精明人做生意时要多留意他们的癖好，然后想办法使他们获得满足，在此基础上不知不觉就能把生意做好，赚到该赚的钱。

癖好几乎人人都有，善于利用人的癖好而创造良好商机的人绝对是高明的。与精明人做生意，如果准确找到他们的癖好，以不露痕迹的办法引发他们的好奇心而把生意做好，这确实是一种令人拍手叫绝的好方法。

借力经营，利润分享

天下熙熙皆为利来，天下攘攘皆为利往。精明人向来更是看重利益。在与精明人做生意的过程中，如果能够恰当地与他们分享利润，从而借助他们的资本力量，乘势进取，那么赚钱赢利就会如探囊取物。

邦尼的父亲是一位石油中间商，他从小就跟在父亲身边，由于耳濡目染，因此很小的时候就对石油业这一行很熟悉。长大后他也想在这个领域有所作为，于是，他找到一位精明而又富有远见的石油商——爱德华，洽谈合作事宜。爱德华很喜欢这个浑身散发着蓬勃朝气的年轻人，决定帮助他。

邦尼开始起步了，他用自己有限的储蓄，采取分期付款的形式，买下

了一辆福特牌客货两用车。白天，车厢是私人办公室，晚上就成了他的宿舍。每天一早他开着车出去工作，饿了，买个汉堡包，就着汽水当饭；困了，就伏在方向盘上打个盹。由于资金有限，邦尼不能雇帮手，只能一个人身兼数职：他既是老板，又是秘书；既做信息员、推销员、经纪人，又得抽空绘制油井地图，寻找合适的钻探目标，以便找人投资；就连文件往来和打字这样的事也得自己动手。他的公司成本低、周转快，收费当然也便宜，而且办事又迅速可靠，因此很快获得了同行们的赞赏，营业额日渐增加。很多大公司都委托邦尼代办合约转让事宜，他介绍的买卖，平均每宗就可以赚1000美元，业务发展大大超过了他预期的目标。不久，邦尼就取得了可喜的成绩，首战告捷，他对自己的事业更加充满了信心。

随着业务的增加，邦尼一个人再也无力应付这日益繁忙的工作了，于是，他决定扩大公司规模，邀请志同道合者共创大业。

1956年9月，邦尼和极具雄心而且精明过人的麦卡特、约翰·奥伯恩组成了一个新公司——石油发展机构。

石油发展机构的资金由邦尼投资一半，麦卡特和约翰·奥伯恩各占投资额的25%。此外，他俩还借给公司10万美元，由邦尼在5年内连本带利一并归还，否则，公司由这两位股东接管。接着，邦尼又雇了几个经验丰富的员工。

有了强有力的助手，邦尼充分施展他的才能，广开财路，大力宣传，以种种优惠的条件，吸引各界大亨投资钻井。他向他们保证：①三年内就能收回成本；②以个别油井为单位，赚钱即可分红；③优先偿还投资款项。这些条件使得各路精明好利的投资者兴趣大增，纷纷前来与邦尼合作。

1958年3月，公司提出开发16口油井的计划，立即就有51名“重利爱财”的精明投资者参加，集资达50万美元。经过精心探测、打钻，一年以后，8口井开始生产石油气，1口井可供开采石油。这一年的生产总值达225万美元，超过投资基金的4倍。

邦尼的事业跃上了一个新的台阶。然而，任何事物的发展不会总是一帆风顺，1959年，一项新的开采计划由于判断失误，使公司业务跌入了低谷，但是，邦尼并没有气馁，他仍然继续在美国和加拿大之间不停地奔波。1962年，邦尼在得克萨斯州夏志郡发现了一块令他满意的油田，可钻98口油井，每天可保证产油60桶。他以每口井4万美元的价格批给那些一心谋利的精明投资者。很快，他不仅还清了债务，公司还增加了新职工。从此，邦尼的事业步入了一个崭新的阶段，获取的利润更是惊人。

在美国，石油大亨不少，但是像邦尼这样白手起家的大亨却不多。邦尼的成功一方面由于环境造就人才，即他从小耳濡目染，从而产生对石油行业的兴趣，具备从事石油生意的良好条件；另一方面，在从事石油生意的过程中，邦尼始终善于借助精明的各界投资人的财力而奋发扩张、积极行动，并且勇于面对困难和逆境，最终获得财富上的巨大成功。

当我们实力还不够雄厚时，借助精明人的各种力量来发展壮大自己的生意，肯定是一种可行的途径。在此过程中，要适当让出一定的可观利润给他们，毕竟利润是他们最在意的。

以义为先，打动人心赢大利

赚钱，最好是赚大钱，这是每一个创业者的心愿。但是，聪明的人会努力体现自己的社会责任感，巧妙地把商业道德与追求利润结合起来，独树一帜的企业价值观，在带来社会效益的同时，也为企业带来可观的经济效益。正可谓"以义为先得大利"，精明人同样会被"义"所折服而更愿意与你做生意。

早在创业之初，创始人乔治·默克就为默克公司勾勒出利润获取与道德追求的远景。他说，默克的第一目的，是用医学技术与创新为病人解除病痛，为全人类造福，赚取丰厚的利润只是圆满完成使命的附带结果。

“链霉素”的故事就是默克企业价值观的有力证明。日本在第二次世界大战后曾经遭受肺结核的侵袭，无数的患者苦不堪言。当时，世界上还没有能有效对抗这种疾病的药物，肺结核几乎成了死亡的代名词。1943年，拉特格尔大学的一名研究员，在默克基金的资助下发现了新的抗菌素——链霉素，这种药能治疗肺结核。这种药一问世，立即引起了轰动，谁拥有了这种药的生产专利，谁就等于拥有了一座利益的宝库。这时的默克已经成为链霉素的独家生产者，但是当他看到世界各地的肺结核患者痛苦不堪，而且这种病又具有很强的传染性，许多人面临着死亡的威胁时，他改变了想长久拥有“链霉素”专利的想法。当时，日本就是肺结核蔓延最严重的国家。于是默克主动放弃了该药的专利权，并把链霉素引进到日本，还传授给他们相关的生产技术。这一做法让许多人觉得不可思议，放着到手的财源不要，却将赚钱工具随便相送，这哪里是商人所为啊？

当时，默克公司从上到下也是议论纷纷，意见不一。尤其是员工们意见更大，他们认为默克这样做，间接地削减了自己的工资，因为按照公司的规定，企业的效益好，员工的奖金自然也会增多。对于公司上下的不同观点，总裁乔治·默克二世却说：“默克公司全体员工所必须遵循的原则，简要地说，就是我们要牢记药品旨在治病救人，不在求利。一个企业的价值有时是高于金钱的，我们不能改变我们公司成立时的初衷，失去短期的利润，未必等于失去长远的效益。因为，所有的付出迟早会得到回报，利润一定会随之而来。如果我们记住这一点，就绝对不会没有利润。我们记得越清楚，利润就越大。”

默克公司在这次专利授权中，虽然没有赚到一分钱，但是得到的回馈却远远超出经济上的回报。当时的日本因为有了链霉素，才使无数人摆脱了病痛和死亡，这个成立不久的公司也因此成为业内最受尊敬的公司，知名度自然也越来越高。许多商家愿意与默克合作，看重的就是其不重利益的企业价值观。

数年后，当默克公司的新任总裁魏吉罗第一次到日本时，受到了隆重的接待。以“精明”著称于世的日本人仍然记得是默克公司在第二次世界大战后把链霉素带到日本，消灭了可怕的肺结核，默克公司的恩情，日本人民是不会忘记的。现在，默克公司已经成为日本最大的外资制药公司，日本政府对默克公司的各种优惠政策，也是其他外资企业所无法相比的。魏吉罗说：“一点也不意外，一个企业的价值是具有长期影响的，它也许和利润无关，但它却可以带来更为丰厚的回报。”

可见，默克公司注重商业道德的为商之道深深感动了所有日本人。正是这种以义为先而与众不同的经商之举赢得了日本人的心，因此使得默克公司在日本所到之处大受欢迎，生意蒸蒸日上，获利无数。

君子爱财，取之有道。这个道其实就是义，或者说公众利益。做生意而懂得遵守道义，甚至以义为先，更能赢得人心。与精明人做生意也要先赢得他们的心，而后就会赢得良好声誉和口碑，因此利润自然丰厚且令人满意。

巧用规则，把握良机赚大钱

精明人也有疏忽的时候，在他们的思维和做法中也会有漏洞。如果我们能善于发现这些漏洞并及时利用起来，那么精明人就只好无奈地就范。特别是当我们善于运用某些规则时，将会使得精明人“不明就里”而让我们赚到大钱。例如，巧用法律规则赚钱是犹太人外汇买卖的绝活。作为“契约之民”的犹太人，居然在遵守契约的前提下，凭着自己的智慧和谋略极为理性地赚取精明的日本人的大量金钱。

1971年8月16日，美国总统尼克松发表了保护美元的声明。精明的犹太金融家和商人立刻意识到，美国政府此举是针对与美国有巨大贸易顺差的日本。犹太人又从情报中获悉，美国与日本就此问题曾多次谈判。一切的迹象表明：日元将要升值。更令人吃惊的是，这个结论不是在尼克松总统发表声明后，而是在半年前得出的。

众多的犹太金融家和商人根据准确的分析结论，在别人尚未觉察之时，开展了一场大规模的“卖”钱活动，把大量美元卖给日本。据日本财政部调查报告，1970年8月，日本外汇储备额仅35亿美元，而1970年10月起，外汇储备额以每月2亿美元的增加速度在上升。这与日本出口贸易发展有关，当时日本的晶体管收音机、彩色电视机及汽车生意十分兴隆。但美国犹太人已开始渐渐向日本出“卖”美元了。到1971年2月，日本外汇储备额增加的幅度更大，先是每月增加3亿美元，到5月份竟增加了15亿美元，当时日本政府还蒙在鼓里，其新闻界还把本国储备外汇的迅速增加宣传为“日本人勤劳节俭的结果”，似乎日本各界人士尚未发现这种反常现象，正是美国犹太人“卖”钱到日本的结果。

在尼克松总统发表声明的1971年8月前后，美国犹太人卖美元的活动几乎到了疯狂程度，仅8月一个月，日本的外汇储备额就增加了46亿美元，而日本第二次世界大战后25年间总流入量仅35亿美元。

1971年8月下旬，也就是尼克松总统发表声明10天后，日本政府才发现外汇储备剧增的原因。尽管立刻采取了相应的措施，但一切都已晚了。美国犹太人预料的事情发生了：日元大幅度升值。日本此时的外汇储备已达到129亿美元。后来日本金融界算了个账，美国犹太人在这段时间拿出1美元，便可买到360日元（当时汇率）；日元升值后，1美元只能买308日元。也就是说，日本人从美国犹太人手里每买进1美元，便亏掉52日元，犹太人却赚了52日元。在这几个月的“卖”钱贸易中，日本亏掉

6000多亿日元（折合美元20多亿），而美国犹太人却赚了20多亿美元。

在日本自己看来，日本的外汇预付制度是非常严密的，但犹太人却看出了它有大漏洞。外汇预付制度是日本政府在第二次世界大战后特别需要外汇时期颁布的。根据此项条例，对于已签订出口合同的厂商，政府提前付给外汇，以资鼓励；同时，该条例中还有一条规定，即允许解除合同。

犹太人正是利用外汇预付和解除合同这一手段，堂而皇之地将美元卖给了实行封锁的日本外汇市场。

美国犹太人采取的方法事实上很简单，他们先与日本出口商签订贸易合同，充分利用外汇预付款的规定，将美元折算成日元，付给日本商人，这时犹太人还谈不上赚钱。等到日元升值，再以解除合同的方式，让日本商人把日元折算成美元还给他们。这一进一出两次折算，利用日元升值的差价，便可以稳赚大钱。

从这则"日本人大蚀本"的事例中，不难看出犹太人成功的经营思路在于"倒用"了精明的日本人的有关法律，将日本政府为促进贸易而允许预付款和解除合同的规定，转为争取预付款和解除合约来做一笔虚假的生意。这样，日本政府只能限于自己的法律而眼睁睁地看着犹太人在客观形式上绝对合法地赚取了他们主观上认为绝对不合理的利润。

或许可以说，精明人也会"聪明一世，糊涂一时"，在与他们做生意时，牢牢抓住这样的有利时机，往往就可以十拿九稳地赚钱。

与精明人做生意要比他们更熟悉和善于运用规则。把规则吃透，从现有规则中发现精明人所忽视的漏洞，趁着他们还没有意识到漏洞存在的时候，果断抓住难得的时机进行有关交易，这是与精明人做生意可供借鉴和使用的门道之一。

韬光养晦，伺机而动

有些精明人会自以为比对方占有绝对优势而傲慢轻率，这会导致他们在商战中轻敌。与这类精明人做生意要懂得适时“装聋作哑”，巧妙隐藏自己的意图，在关键的决定性时刻才亮出底牌、一锤定音。毕竟，商场险恶，人心叵测，很多时候“韬光养晦”正是商战中的一种韬略。

日本航空公司决定向美国麦道公司引进10架新型麦道客机，指定常务董事任领队，财务经理为主谈，技术部经理为助谈，组成谈判小组负责购买事宜。

日航代表飞抵美国后，精明的麦道公司谈判代表立即来电，约定明天在公司会议室开始谈判。第二天，三位日本商谈代表仿佛还未消除旅途的疲劳，行动迟缓地走进会议室，只见麦道公司的一群谈判代表已经端坐一边。谈判开始，日航代表慢吞吞地啜着咖啡，好像还在缓解时差的不适。精明而又讲求实效的麦道方主谈，即把客人的疲惫视为可乘之机，在开门见山地重申双方的购销意向之后，迅捷地把谈判转入主题。

从早上9点到11点半，三架放映机相继打开，字幕、图表、数据、电脑图案、辅助资料和航行画面应有尽有。孰料，日航三位谈判代表却自始至终默默地坐着，一语不发。

麦道公司的谈判代表自负地拉开窗帘，充满期待地望着对方问道：“你们认为如何？”三个不为所动的日本人礼貌地笑笑，技术部经理答道：“我们不明白。”

麦道的领队大惑不解地问：“你们不明白什么？”

日航领队笑了笑，回答：“这一切。”

麦道急切地追问：“这一切是什么意思？请具体说明你们从什么时候开始‘不明白’的？”

日航代表歉意地说："对不起，从拉上窗帘的那一刻开始。"

麦道领队泄气地倚在门边说："那么，你们希望我们再做些什么呢？"

日航领队歉意地笑笑说："你们可以重放一次吗？"别无选择，只得照办。但麦道公司谈判代表重复那两个半小时的介绍时，已经失去了最初的热忱和信心。

谈判进入交锋阶段，老谋深算的日航代表又使出新的一手：装成听觉不敏，反应迟钝，显得很难甚至无法明了麦道方在说些什么，让麦道方觉得跟愚笨的人谈判，早已准备好的论点、论据和推理是没有用的，精心选择的说服策略也无用武之地。麦道方已被搅得烦躁不安，只想尽快结束这场与笨人打交道的灾难，于是，直截了当地把球踢向对方："我们的飞机性能是最佳的，报价也是合情合理的，你们有什么异议吗？"

此时，日航主谈似乎由于紧张，忽然出现语言障碍，他结结巴巴地说："第……第……第……""是第一点吗？"麦道代表忍不住问。日航主谈点头称是。"好吧，第一点是什么呢？"麦道急切地问。"价……价……价……""是价钱吗？"麦道问。日航主谈又点了点头。"好，这点可以商量。第二点是什么？"麦道焦急地问。"性……性……性……""你是说性能吗？只要日航方面提出书面改进要求，我们一定满足。"麦道代表脱口而出。

至此，日航一方说了什么呢？什么也没有说。麦道一方做了什么呢？在帮助日方跟自己交锋。他们先是帮日方把想说而没有说出来的话解释清楚，接着，为问出对方后面要说的话，就不假思索地匆忙作出许诺，结果把谈判的主动权拱手交给对方。

日航的代表一开口就要求削价 20%，麦道代表听了不禁大吃一惊，再看看对方是认真的，不像是开玩笑，心想既然已经许诺让价，为表示诚意就爽快地让吧，于是说："我们可以削价 5%。"

双方差距甚大，第一轮交锋在激烈的争论中结束。经过短暂的沉默，日方第二次报价，削减 18%，麦道方还价是降价 6%。麦道公司的主谈此刻对成交已不抱多大希望，开始失去耐心，提出休谈："我们双方在价格上距离很大，有必要都为成交寻找新的办法。你们如果同意，两天后双方再谈一次。”

休谈原是谈判陷于僵局时采取的一种正常策略，但麦道公司却注入了“最后通牒”的意味，即“价钱太低，宁可不卖”。日航谈判代表这时不得不缜密地权衡得失：价钱还可以争取低一点，但不能削得太多，否则，将触怒美国人，那不仅会丧失主动权，而且，连到手的6%的让价也捞不到，倘若空着两手回日本怎么向公司交代呢？他们决定适可而止。

重开谈判，日航在原有条件上一下子降了6%，要求削价12%；麦道仅增加1%，只同意削价7%，谈判又形成僵局。麦道公司的主谈决意终止交易，开始收拾文件。恰在这时，口吃了几天的日航主谈突然消除了语言障碍，十分流利地说道：“你们对新型飞机的介绍和推销使我们难以抵抗，如果同意降价8%，我们现在就起草购销11架飞机的合同。”（这增加的一架几乎是削价得来的）说完他笑吟吟地起身，把手伸给麦道公司的主谈。

“同意！”麦道的谈判代表们也笑了，起身和三位日本代表握手：“祝贺你们，用最低的价钱买到了世界最先进的飞机。”的确，日航代表把麦道飞机压到了前所未有的低价位。

面对精明同时有点傲慢轻敌的麦道公司谈判代表们，日航的代表有意装傻，在谈判中以静制动而把握主动权，最后争取到了理想的谈判结果。因此，与这类精明人做生意有时不妨“以拙应巧”，准确掌握节奏和分寸并达成合作，争取获得自身最大的利益！

聪明反被聪明误，糊涂原是大清醒。与自恃强势和盛气凌人的精明人做生意，与其针锋相对，不如假装糊涂，让他们先“过把瘾”而得意扬扬。在他们放松警惕的时候，不动声色地变被动为主动，最终达到自己的预期目的。

乘风扬帆，借势操作

大部分精明人都奉行“利益至上”的原则。在与他们做生意时，如果能够晓之以“利”，互助合作，共同赢得丰厚利润，那么的确是非常可取可行的好办法。毕竟，在各种生意成功的因素中，乘风扬帆、借势操作是很重要的一环。

在最初的经营中，洛克菲勒的公司蒸蒸日上，但由于毕竟是白手起家，财力有限，在和一些对手竞争时往往处于劣势，以致于他梦想垄断炼油和销售的计划只能暂时搁浅。

经过一番详细的调查和慎重的分析，洛克菲勒认为：“原料产地的石油公司在需要用铁路的时候就用，不需要的时候就置之不理，十分反复无常，致使铁路经常无生意可做，铁路的运费收入也就非常不稳定。这样，一旦我们与铁路公司订下一个保证日运油量的合约，对铁路方面必是如荒漠甘泉般地及时，那时铁路公司在给我们运输时必定会大打折扣。这打折扣的秘密只有我们和铁路公司知道，这样的话，别的公司在这场运价竞争中必败无疑，那么垄断石油产业界便指日可待。”之后，洛克菲勒在两大铁路巨头顾尔德和凡德毕尔特之间经过权衡，选择了极其精明且贪得无厌的铁路霸主凡德毕尔特作为谈判对象。最后，双方终于达成协议：洛克菲勒每天保证运输 60 车皮的石油，但铁路方面必须给予 20% 的折扣。

这样，洛克菲勒不仅挫败了铁路的垄断权，而且大大降低了石油的成本。自此以后，低廉的价格为洛克菲勒赢得了广阔的市场，大大增加了竞争实力，使洛克菲勒向控制世界石油市场的宏伟目标大大迈进了一步。

在此，我们不妨再看看另一位富豪如何借助精明的银行主们的巨大财力来不断发展壮大自己的生意。

犹太大亨洛维格就是巧妙利用别人的钱发家致富而最终成就伟业的。洛维格不但拥有当时世界上吨位最大最多的油轮，还兼营旅游、房地产和自然资源开发等行业。

据说，洛维格第一次所做的生意是从一艘船开始的。当时，囊中羞涩、一贫如洗的他利用从父亲那儿借来的微薄资金，雇用一些人把一艘别人搁置很久沉入海底的长约26英尺的柴油机动船很费劲地打捞出来，又用了4个月的时间将它维修好，然后将船承包给别人，自己从中获利50美元。对这次收入，他感到很高兴，他也很感激父亲能借钱给他，由此，他也明白了对于一个一贫如洗的人来说，创业时能获得的借贷资金是多么重要。

可是，刚开始创业时，他总是债务缠身，屡屡有破产的危机。他始终也没有跳出平常的思维，达到一种突破常规的新境界。就在洛维格行将进入而立之年时，灵感爆发了。他找了几家纽约银行，希望他们能贷款给他买一条一般规格水准的旧货轮，他准备动手把它改造成赚钱较多的油轮，但是他遭到了银行的拒绝，理由是他没有可以担保的东西。面对一次次的失望，洛维格并不气馁，而是有了一个不合常规的想法。洛维格有一只仅能航行的老油轮，他将这条油轮以低廉的价格包租给一家石油公司。

然后他去找银行经理，告诉他们自己有一条被石油公司包租的油轮，租金可每月由石油公司直接拨入银行来抵付贷款的本息。经过几番周折，精明的纽约大通银行主管终于答应贷款给他。

尽管洛维格并无担保物，但是石油公司却有着很好的效益，其潜力很大，除非天灾人祸，否则石油公司的租金一定会按时入账。此外，洛维格的计算非常周密，石油公司的租金刚好可以抵偿他银行贷款的本息。这种奇异而超常的思维尽管有些荒诞，却使洛维格敲开了财富的大门。

洛维格拿到了贷款就去买下他想买的货轮，然后动手将货轮加以改装，使之成为一条航运能力较强的油轮。他采取同样的方式，把油轮包租出去，然后以包租金抵押，再贷到一笔款，又去买船。周而复始，像神话一样，他的船越来越多，而他每还清一笔贷款，一艘油轮便归在他的名下。随着贷款的逐渐还清，那些包租船全部归他所有。

洛维格的成功，最关键的地方在于他找到了一种巧借别人的“势”来壮大自己的妙策。一方面，他将船租给石油公司，这样他就有了与这家石油公司开展业务往来的背景。有这样一家石油公司来衬托他，况且每月租金可直接抵付利息，银行当然乐意将钱贷给他了。另一方面，他用从银行借来的钱再去买更好的货轮，然后再租给石油公司，然后又贷款。从这一点上讲，他又巧妙地利用借来的钱壮大了自己的“势”，如此往复，借的钱越多，租出去的船也就越多，而租出去的船越多，其“势”就越壮大，而“势”越壮大，洛维格可以赚得的钱就更多。

总之，借势操作是做生意的一大诀窍。借助精明人的力量使自己的能力发挥最大效果是成功的捷径，善于拜访比自己有智慧的精明人可以使自己立于不败之地。

要始终记得：谋求利润是精明人最大的本色。只要在生意上能够恰当地诱之以利，他们就会蠢蠢欲动。因此，满足他们图利的本性，他们就会愿意与你携手，助你成就生意上的辉煌。

第五章

比他更有耐心：比精明人多坚持一分钟

耐心就是忍耐和坚持不懈的毅力。与精明人做生意，耐心是我们寻找机遇、解决难题或打动他们并实现合作所需要具备的重要品质。精明人聪明能干，有心计，好强，甚至实力非凡，但无论如何，只要我们有耐心，有热诚，不畏艰难，积极应对一切，善于变不利为有利，化挫折为机遇，那么最终必定如愿取得成功。

以退为进，见机而行

有些精明人凭着自己巨大的优势而咄咄逼人，面对这样的生意竞争对手，要具备足够的耐心，懂得避其锋芒，同时瞄准最有利的时机果断出手，最终获得成功。正如欲擒故纵，以退为进，最后制伏对手，是军事上常用的战略；在经商中，要懂得“欲得之，必纵之”的原则，以退为进，使精明强势的对方放松警惕，松懈斗志，就会胜券在握，然后再伺机而动，达到目的。

收购香港电灯有限公司（以下简称“港灯”），是当时华资进军英资四大战（李嘉诚收购和黄、港灯，包玉刚收购九龙仓、会德丰）中的重要一战。港灯公司成立于1889年，并于1890年12月1日开始向港岛供电。公司的发起人是保罗·渣打爵士，股东是各英资洋行。

港灯是香港第二大电力集团，而且是香港一个英资上市公司，被收购前一直是独立的公众持股公司。

港灯收入稳定，加之港府正准备实行“鼓励用电的收费制”（用电量越多越便宜），港灯的供电量将会有大的增长，赢利自会递增。现代社会，无论如何都是离不开电的，故经济的盛衰都不会对电业构成太大的影响。

更重要的是，港灯是拥有专营权的企业，不可能会有第二家企业在港岛与其竞争，能确保赢利稳定。这正是李嘉诚属意港灯的主要原因。

除长江实业外，怡和、佳宁等财团都想染指港灯。此时，在海外大量投资但回报不佳的怡和置地掉头在港大肆投资，很快便购入了电话公司、港灯公司的众多股份。

面对精明而又贪婪的怡和置地的大肆扩张，李嘉诚坚持以退为进、避免正面交锋的策略。是的，有时候，急于成功，反而会适得其反。睿智的李嘉诚按兵不动，静观其势，寻找机会。

1982年4月，市面风传怡和置地公司即将着手收购港灯。人们都以为"长实"、佳宁也会参与竞购，所以港灯、怡和置地、"长实"、佳宁的股票均被炒高。

4月26日周一开市，怡和置地公司便以锐不可当之势，一举收购了港灯的2.22亿股份。

为避免触发全面收购，怡和置地将增购的股份控制在35%以下（按收购及合并委员会规定，超过35%的临界点，就必须全面收购，持股量要过50%才算收购成功）。

怡和置地重拳出击，顺利完成了对港灯的收购。"长实"与佳宁欲竞购的传闻迅即化为乌有。佳宁此时正面临着危机，而"长实"只是继续沉住气，不急于出手。

李嘉诚暂时不采取行动是经过仔细分析和深思熟虑的，这充分体现出了他的高明之处。

首先，他认为怡和置地此时的收购行动有志在必得之势，如果与之碰硬，怡和置地必会竭尽全力而战，以自己目前的实力，未必能胜；即使能胜，也会元气大伤，还很可能赔了夫人又折兵，做成蚀本生意。

其次，李嘉诚认为怡和置地不惜重金，四处出击，很容易造成"消化不良"，到那时，再从置地手中夺过港灯，将会易如反掌。

基于上面的分析，李嘉诚只是密切关注整个事态的发展，决定以不变应万变，而并不急于采取任何实质性的行动。

李嘉诚可谓深得兵家"避实击虚"之精要。好比两军交战，当敌方势大时，己方坚壁清野，固城自守，避不交兵；当敌人粮草用尽，人疲马乏时，再主动出击，一举取胜。无疑，避实击虚是以最小的代价换取最大胜利的良法，比咬紧牙关、浴血拼杀不知要高明多少。

李嘉诚的判断没有错。怡和置地在完成对港灯的收购后，形势便急转直下。怡和置地在香港的急速扩张，耗尽了它的现金资源，不得已向银行大笔贷款，使其负债额高达160亿港元。

本来以怡和置地的实力来说，大举负债不是问题，只要地产市道尚佳，经济前景明朗，坐拥中区地王的怡和置地就不愁没钱赚。然而，当时中英两国就香港问题在北京谈判，英国首相撒切尔夫人在事实面前理屈词穷，表现不佳，使香港人未来的前景不够明朗。香港出现了移民潮，移民连资金一道卷走，汇率大跌，港人纷纷抛出港币套取外币。

再加上欧美、日本经济纷纷陷入衰退之中，更使得香港商界为愁云惨雾所笼罩——地产市道滑落，兴建的楼宇由俏转滞。这一切终于使地产大王怡和置地陷入困境，手头的楼宇由奇货可居变成有价无市，欠银行的贷款不仅无法偿还，光利息一年就等于赔掉一座楼。1983年，地产市场全面崩溃，怡和置地陷入空前危机。1983年财政年度，置地出现13亿港元的亏损，使怡和在同期财政年度赢利额暴跌80%。

统揽怡和地产业务的怡和置地是怡和系统的核心业务，置地的旗舰地位无论如何要保住，而置地又是怡和全系的欠债大户。汇丰银行逼债穷追不舍，债台高筑的置地不得不忍痛决定，出售港灯以弥补巨额债务。

要想出售港灯，第一买家自然首选李嘉诚。现在已是财大气粗的李嘉诚有能力支付理想的价位。经过谈判，和黄决定以29亿港元现金收购怡和置地持有的34.6%港灯股权。这是中英会谈结束后，香港股市首宗大规模收购事件。在如此之短的时间内拍板定夺这么大的一笔生意，可见李嘉诚早已是成竹在胸。

这次收购，仅用了两次会议，便达成了一项总值达29亿港元的现金交易。消息传出，引起了全港商界的再一次特大轰动。

当初怡和置地以高出市价31%的条件收购了港灯，而现在和黄却以6.4亿港元的折让价（收购前一天市价为7.4亿港元）捡了这个“便宜”。

如果以市值计算，李嘉诚为和黄省下了4.5亿港元。由此可见，李嘉诚确实要高出精明的对方几筹。

以上事例表明，当与实力强大的精明人在生意上成为竞争对手时，要有耐心密切关注各种变化，积极冷静地审时度势，巧妙避开对手的锋芒，精确地抓住最佳时机而果断行动，才是上策。

耐心来自洞察力和远见卓识。与精明人做生意，要善于敏锐地观察时势，看清市场未来的发展动态。既着眼长远，又立足当前，保持耐心，有效避开竞争对手的锋芒，在关键时刻大胆出手，从而收获丰硕成果。

隔岸观火，坐收渔利

在买方市场的条件下，有生意则必有竞争。那么，如何在近乎白热化的竞争中不费太多心力就能顺利争取到自身最大的利益？下面来看看某复印机生产厂家在与精明的商家做生意时所采取的高明策略。

一架豪华客机徐徐降落在东南亚某国首都机场。从机上走下的乘客中，有一位个子不高、戴着金丝眼镜、身着黑色西装的中年男子格外引人注目，只见他表情庄重，步伐稳健，一副虚怀若谷、若有所思的样子，眉宇间透露出他的精明与干练，一看便知此人非等闲之辈，是商界的老手。不错，他确实是个商人，而且是来自经济发达国家日本的商人，他是日本富士现代办公用品公司驻该国的业务代理藤野先生。

此次前来，他肩负着一项重大的历史使命，即与该国的泰恒公司签订一个有关进口日本某型号复印机的合同。复印机在这个经济刚刚起飞的国家，还完全是个新事物，有着广阔的发展前景，占领这一市场对公司的未来无疑有着十分重要的意义，藤野先生就是带着公司“只许成功，不准失败”的指令来的。

走出机场，藤野先生惊奇地发现，泰恒公司并没有如约派人来接他，心里不由地犯起了嘀咕：难道对方工作疏忽，记错了日子，可两公司签约这么大的事怎么能忘记呢？不可能的，那是车子在路上抛了锚？那到底是因为什么呢？一种不祥的预感油然而生。

藤野先生以自己多年在商海中摸爬滚打积累起的经验，凭直觉敏锐地觉察到事情有变，他来不及细细思考下去，迅速叫了出租车赶往泰恒公司，以求弄个水落石出，找到问题的答案。

果然，泰恒公司的老板见到他只是冷冰冰地抛过来一句话："对不起，藤野先生，我公司已有新的打算，不准备签订这项合同了，很遗憾。"说完，一摊手走开了。面对这迎面而来的打击，藤野先生黯然神伤。想到临行前公司的嘱托，藤野先生果断决定，不能再沮丧、报怨下去，唯有冷静头脑，振奋精神，查清事实真相才能解决这个大问题。

在他看来，泰恒公司绝对不会轻易放弃复印机这个大生意不做，无缘无故松开牵着的财神爷的手，那他们现在拒绝签合同，又该做何解释呢？难道又有了新主顾？对，很有这个可能。哪儿的呢？其他国家的？可能性不大，因为就目前国际市场上的复印机来说，只有日本产品才是一流的，泰恒公司绝对不会不为公司的长远发展及信誉着想，更不会贪图便宜买进现已淘汰的产品。那么，与泰恒公司做生意的肯定也是一家日本公司。他们是以什么样的优惠条件吸引泰恒公司更张易辙，舍此适彼的呢？所有这些问题都要一一搞清楚。

藤野先生理清思路，谋划好了行动方案。他首先向国内公司汇报了有关情况，并请公司协助查清事情原委。不久，公司有了回音，证明国内确实有一家公司在暗中与泰恒公司取得联系，要为其提供价格更低、性能更先进的某型号复印机，致使泰恒公司改变初衷并拒绝签合同。

目前，要战胜竞争对手，需立即着手解决两个问题：一是赶在对方前面尽快拿到与泰恒公司的签约；二是立刻与厂家联系，无论如何都要取得某型号复印机在该国的经销权。

作战计划已定，公司便兵分两路，仍由藤野先生负责与泰恒公司签订合同。公司另派人马去厂家联系进货业务。

当藤野先生第二次出现在泰恒公司老板面前时，还未等对方开口，他便开门见山地说："总裁先生，别来无恙，我未约而至，您不会介意吧？我这次来是与您专门洽谈关于某型号复印机的进口问题，想必您一定是感兴趣的吧？不错，此打印机确实比其他机子优越，所以，我们决定在这方面与贵公司合作，而且我还要高兴地告诉你，我们提供给贵公司的产品比贵公司前些天联系的那一家价格要低3成。"

听罢此言，泰恒公司老板好生奇怪："怎么只短短的3天，这个日本人就什么都知道了？不过，这与自己又有何关系呢？只要有利可图和谁做生意还不一样，既然富士公司的价格比那家公司优惠得多，我又何乐而不为呢？"他马上笑容满面地上前与藤野先生握手成交，并随即签订了进口1500台复印机的合同。

待合同一到手，藤野又马上飞回日本，找到复印机生产厂家。其实厂家早已从近日富士公司不同寻常的举动中发现了问题，经过调查才知道他们是在与另一家公司争夺复印机客户及东南亚的独营权。厂家暗自高兴，看来自己发大财的机会来了，他们明明知道富士公司急于促成此项生意，为从中渔利，便对来者不慌不忙地解释：因与其他公司达成协议，授予其在该国的经销权，为了自己的信誉，表示不能再与富士公司签约或干脆枉顾左右而言他。藤野先生当然知道其用意，便告知对方：富士公司已拿到合同，抢先占领了该国市场，请厂家把复印机及辅助材料与设备的经销权授给富士，富士愿意把进价全部再加一成。

又经过一番讨价还价，复印机生产厂家认为近来一段时间冷静耐心地"坐山观虎斗"该收场了，现在对方出价已足够高，超过了自己的预期目标，若不趁势取利，"时不再来"。于是，便爽快地答应与富士公司签约。

当然，精明的富士商人也不会吃亏，其高买低卖复印机倒赔的钱也最终从随后的高价卖出的辅助材料与设备中得到了补偿。

回顾整个过程，复印机厂家之所以能以较高的价格与富士公司成交，就在于其巧妙地运用了"隔岸观火"的谈判技巧。先是极具耐心地坐山观虎斗，富士公司与另一家公司竞相抬高价格；既而又煽风点火，以种种借口迫使买方提价，最后看准时机已到，趁势坐取渔人之利。

在生意场上，许多时候精明人都会主动出击，积极周旋，不甘落后。每当遇到这种情况，最好的应对策略或许是耐心地静观其变，让他们尽量施展必要的手段，直到竞争陷入僵局而难有进展之时，才出面打破现状，亮出自己的底牌或真实意图，最终达成交易。

耐心热诚，赢得生意

人都是容易被爱心和热诚所打动的，精明人也是如此。因而与精明人做生意，也要具备一颗火热的爱心，才能把生意做得更出色和风生水起。

不论从哪方面来看，做生意首先必须尊重顾客，不管顾客买不买，都应该耐心热情地接待。一个成功的生意人，肯定有一颗尊重顾客的爱心，而他的爱心体现在其每一个细小的行动中。

有一天，一位朴实又精明的中年妇女从对面的福特汽车销售商行，走进了吉拉德的汽车展销室。

她说自己很想买一辆白色的福特车，就像她表姐开的那辆，但是，福特车行的经销商让她过一个小时之后再去，所以，先过这儿来瞧一瞧。

“夫人，欢迎您来看我的车。”吉拉德微笑着说。

妇女兴奋地告诉他：“今天是我55岁的生日，想买一辆白色的福特车送给自己作为生日的礼物。”

“夫人，祝您生日快乐！”吉拉德热情地祝贺道。随后，他轻声地向身边的助手交代了几句。

吉拉德领着那位中年妇女从一辆辆新车面前慢慢走过，边看边耐心热诚地介绍。在来到一辆雪佛兰车前时，他说：“夫人，您对白色情有独钟，瞧这辆双门式轿车，也是白色的。”

就在这时，助手走了进来，把一束玫瑰花交给了吉拉德。他把这束漂亮的花送给那位中年妇女，再次对她的生日表示祝贺。

那位中年妇女感动得热泪盈眶，非常激动地说：“先生，太感谢您了，已经很久没有人给我送过礼物了。刚才那位福特车的推销商看到我开着一辆旧车，一定以为我买不起新车，所以，在我提出要看一看车时，他就推辞说需要出去收一笔钱，我只好上您这儿来等他。现在想一想，也不一定非要买福特车不可。”

于是，这位妇女就在吉拉德那儿买了一辆白色的雪佛兰轿车。

正是这种许许多多的细小行为，为吉拉德创造了空前的效益，使他的营销取得了辉煌的成功，他被《吉尼斯世界纪录大全》誉为“全世界最伟大的销售商”，创造了12年推销13000多辆汽车的最高纪录。有一年，他曾经卖出汽车1425辆，在同行中传为美谈。

吉拉德之所以能取得生意上的巨大成功，正是因为他时时怀有一种热情服务和奉献爱心的可贵品质。精明的顾客很容易就会看出你对他们的真情实意，而你的耐心热诚是最能打动他们的。

尽管精明的顾客通常比较挑剔，他们对产品和服务的要求也很严格。但与这样的顾客做生意，请不要反感或指责他们的“过分”要求。相反，要尽一切可能满足他们的需求并争取成交。

我们知道，许多人做生意，总是担心顾客寻找产品的毛病，遇到挑剔的顾客就千方百计地把他打发走，而这样的服务态度只会使生意越来越冷清。不要害怕顾客的挑剔，只要你诚心以待，顾客一定会买你的账。

有位年轻人到奔驰公司要买一辆轿车，看完陈列厅里的100多辆车后，竟没有一辆中意。他表示想要一辆灰底黑边的车。销售员告诉他，本公司没有这种车。公司的销售部主任得知情况后十分生气，他对销售员说："像你这样做生意只能让公司关门歇业。"销售部主任设法找到那个年轻人，告诉他两天后来取车。两天后，年轻人看到了他想要的灰底黑边车，但还是不满意，说这车不是他要的规格。经验丰富的销售部主任耐心地问："先生要什么规格的，我们一定满足您的要求。"三天后，年轻人高兴地看到他想要的规格、型号、式样的车。可是，他试开了一圈后，对销售部主任说："要是能给汽车安装个收音机就好了。"当时，汽车收音机刚刚问世，大多数人认为汽车安装收音机容易导致交通事故，但销售部主任犹豫了片刻仍对年轻人说："先生下午来可以吗？"

挑剔的年轻人终于从奔驰公司买走了他中意的车。他感激地对销售部主任说："感谢您的周到服务。我想，有您这种服务态度，贵公司肯定会赚大钱的。"

奔驰之所以成为奔驰，不仅在于其质量上的精益求精，也在于其以顾客需要为导向的全心全意的服务。可以肯定，如果我们能够满足精明挑剔顾客的苛刻要求，这对于我们生意的成长发展必将具有巨大的作用！

与精明人做生意尤其需要爱心、热诚和耐心。面对他们独特乃至近乎苛刻的要求，唯有爱心、热诚和耐心，才能使我们赢得他们发自内心的认可、青睐与敬佩，并因此使得他们乐意购买我们的产品或服务。

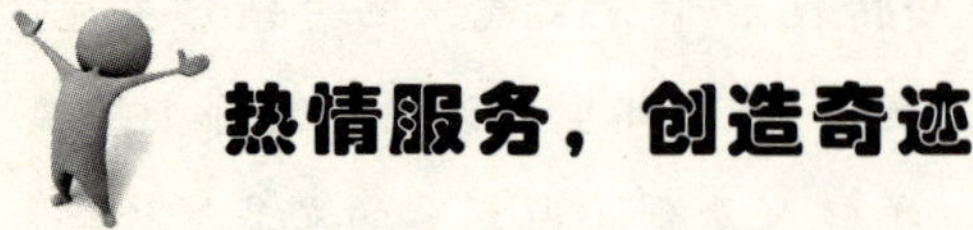

热情服务，创造奇迹

在生意上，热情的态度任何时候都不过时。精明的人既看重产品质量，也非常注重服务态度。与他们做生意，热情的态度常常会收到意想不到的惊喜！

在一个炎热的午后，有位穿着汗衫、满身汗味的老农夫，伸手推开汽车展示中心的玻璃门。他一进去，迎面立刻走来一位笑容可掬的柜台小姐，很客气地询问："老大爷，我能为您做什么吗？"

老农夫有点腼腆地说："不用不用，只是外面有点热，我刚好路过这儿，想进来吹吹冷气，马上就走了。"

小姐听完后亲切地说："您一定热坏了，我给您倒杯凉茶吧。"接着，便请老农夫坐在柔软的沙发上休息。

喝完冰凉的茶，老农夫闲着没事，便走到展示中心内的新货车前，东瞧瞧，西望望。

这时，那位柜台小姐又走了过来："这款车很不错，要不要我帮您介绍一下！"

"不要！不要！"老农夫连忙说，"我可没钱买，种田的人也用不着这种车。"

"不买也没关系，以后有机会您还可以帮我们介绍啊！"然后便详细耐心地将货车的性能，逐一解说给老农夫听。

听完后，老农夫突然从口袋里拿出一张皱皱的白纸，交给这位柜台小姐，并说："这些是我要订的车型及数量，请你帮我处理一下。"

小姐有点诧异地接过来一看，这位老农夫一次要订 8 辆货车，紧张地说："您一下订这么多车，我们经理不在，我必须找他回来和您谈，同时，也要安排您先试车……"

“小姐，你不用找经理了，我信任你。这几天我走了好几家，每当我穿着这样的旧汗衫进到汽车销售场，同时表明我没钱买车时，常常会受到冷落，而只有你们公司与众不同。我从你的工作态度上信任你们公司。你不知道我是你的客户，还那么热心地接待我，为我服务，对于一个不是你们客户的人都如此，更何况成为你们的客户呢？”

显然，这位老农夫是一位十分精明的客户，他通过“想进来吹吹冷气”的谎言来试探汽车展示中心对客户的服务情况。好在柜台小姐始终如一热情地接待老农夫并为他细心讲解，最终赢得了老农夫的深深信赖，进而达成了数目惊人的可观交易。

另外，精明人有时会故意给生意成交制造一些难题，比如他们经常在一开始对某产品表示拒绝，直到我们毫不懈怠地付出较多辛劳之后才会表示愿意购买。

有位推销油田专用工具的推销员，曾经在半年内连续拜访一位工头19次，却总是无功而返。“年轻人，我从不买你的产品，为什么你还一直出现？”这位看似粗鲁实则精明的工头问。

“正因为你从来不买，所以我不放弃。”锲而不舍的推销员满心热诚地说，“而且我会继续来，直到你买为止。因为你确实需要这种产品。”

工头只好说：“好吧！看来我非买不可，送来给我试用吧！”此后这位工头一直使用这种特殊工具，因为这种工具的确有优点。

可见，持续拜访精明客户的技巧，值得所有生意人好好学习。

纽柏是位精力充沛的年轻推销员，在美国西弗吉尼亚州推销广告。面对顾客的拒绝，她假定是因为顾客不够了解，而不是不愿购买。例如，某位顾客不愿意买广告，并要求纽柏离开，她拒绝了。

“我恐怕没有说清楚，”她说：“这是我的错。其实是这样的……”

难道纽柏不会引起顾客的反感吗？按理说是会的，不过纽柏很讨人喜欢，她总是假定顾客对产品了解不够；只要顾客明白相关利益，自然愿意购买产品。于是，绝大部分有需求的顾客最后都会与她达成交易。要相信：在巨大的耐心与热情面前，再精明的人也会折服！

美国的一位销售员赛克斯曾经向一位超市的老板推销自己公司的产品。然而遗憾的是，极为精明的超市老板并不愿意购买该公司的产品。赛克斯对对方的一口回绝感到好奇，要知道他们公司的产品在美国地区拥有广大的市场，非常具有竞争优势。为此，赛克斯决定弄清楚背后的原因。

从他第一次被拒绝开始，他就经常到超市闲逛。他亲切地问候超市的店员，热情地同他们交谈，许多店员因此而非常喜欢他，但是，老板的态度仍然很恶劣。每当他和店员聊得热火朝天的时候，老板都会无情地将他赶出大门。

但是赛克斯并没有停止对这位老板的“骚扰”，他变本加厉，天天都光顾这家超市，每天开车跑半个多小时，不为别的，仅仅是为了买一杯咖啡，同时与店员和老板打声招呼。

长此以往，老板的态度也变得友善了许多。终于，这位固执的老板还是向执著的赛克斯妥协了，他告诉赛克斯他之所以不愿意购买赛克斯公司的产品，是因为他和以前合作过的一名销售员闹得很僵。结果可想而知，这位老板成为了赛克斯的忠实客户。

所谓：“世上无难事，只怕有心人”。面对精明乃至固执的客户，如果我们始终保持高涨的热情和执著的态度，最终客户只有“服输”，甘愿购买我们的产品或者服务。

精明的人多种多样。在做生意时，他们有的略施小计来考验你，有的故意给你难堪来考验你，有的坚决以回避和拒绝你来考验你等，不一而足。但无论如何，只要你有热情和耐心，总有一天他们会接纳你乃至佩服你。如此，生意成交自然没有问题。

耐心委婉，顺利成交

在生意中，精明的顾客有时也会实施一些“小伎俩”，这时我们要善于灵活应对，才有利于达到理想的结果。尤其在语言表达上，要学会以礼貌文明的对话模式，委婉地改变顾客的态度。

李云凤是医药公司一位优秀的产品推销员。她建议一家大型药品批发商一次订购半年的产品，并解释，由于公司提高两倍预算以促销相关产品，所以顾客应该利用机会囤积库存。顾客听了大怒，把订货簿摔到墙上。李云凤冷静地拾起订货簿，笑着还给顾客：“是不是六个月不够多？”

顾客笑了出来：“你到底认为几个月才合理？”（购买信息出现了）接着双方敲定了三个月的进货数量。

原来，顾客的大怒只是他一贯使用的一种“讨价还价”的手段。李云凤极具耐心又巧妙地运用幽默语言化解了本来可能出现的尴尬而达成交易。更令人惊叹的是，委婉机智的语言常常能化腐朽为神奇。下面是一家广告公司业务经理与客户的对话，堪称绝妙的典范。

“经理，您好，我是远景广告公司的业务经理陈洪彬。”

“哦，你们公司啊，我知道，技术口碑很不错，作品很多，广告价位也很合理，但我们目前没有这方面的需要。这样吧，留个地址和电话，我们下次有这方面的需要时，再和你联系吧。”

“您误会了，先生，我今天来不是和您谈业务的，而是给您带来一个好消息。”

“您看，贵公司被××知名杂志评选为最具技术贡献的企业，看看，就是这一期杂志。”

“是吗？我还没听说呢。我看看。”

“这可是一个很好的宣传时机啊，只可惜，该杂志上只有贵公司的一个署名，如果在下面附上一个广告，宣传效果肯定不同凡响。”

“嘿嘿，你这不是设套给我钻吗？”

“哪能呢？我就是希望贵公司能趁热打铁，趁着这个宣传的势头，推出一套全方位的企业文化广告营销活动，我想贵公司的知名度和销售业绩一定会大大提高的。”

“听起来挺有意思的，我们到里面详细说说。”

结果，陈经理如愿做成了这笔数额不菲的广告业务单子。

可见，巧妙的语言表达通常可以转变成实实在在的金钱和利益。例如，某商场的售货员刘春梅就是一个富有耐心且善于用委婉的语言来改变顾客态度而确保生意成交的好手。

一天，某顾客来到该商场，要求退换一件几天前买的大衣。虽然衣服已经拿回家有两天的时间了，该顾客坚称“绝没穿过”。

刘春梅接过大衣后仔细检查了一下，却发现上面有明显的干洗过的痕迹，但顾客已经声明“绝没穿过”，这该怎么办呢？直截了当地向顾客说明这一点，精心伪装了穿过痕迹的顾客能承认吗？答案无疑是否定的，恐怕最终只会引发一场争执而已。

略微思考后，一贯机敏的刘春梅立刻说道：“不好意思，不知道你们家是否有谁错把这件衣服送到了干洗店。我记得不久前我也发生过一件同样的事情，我把一件刚买的衣服和其他衣服一起堆放在沙发上，结果我丈夫没注意，把这件新衣服和一大堆脏衣服一股脑儿塞进了洗衣机。我怀疑你也遇到了这种事——因为这件衣服上确实有明显的被洗过的痕迹。您看这里，还有这里，跟其他衣服对比明显是不一样的。”

看着刘春梅一一指出的证据，再加上精心为她的错误准备好的借口，无可辩驳的顾客顺水推舟，顺着台阶说也许是她的家人在没注意的情况下把衣服送到了干洗店，最后收起衣服走了。

刘春梅的话不仅委婉，而且说到了顾客心里，一场可能的争吵就这样在委婉的语言中化于无形。可见，面对顾客使用的一些“小要滑”，我们要耐心冷静地应对，不必揭穿他们不合理的做法，而应多为顾客的面子考虑，尽量使他们能下得来台，也使双方都避免难堪并达成最理想的结果。

同样的意思可以有无数种表达方式，同样的一句话可以有无限种说法。不同的表达方式或说法，产生的效果往往迥然不同，甚至有天壤之别。与精明人做生意要特别注意表达方式和说法，恰当的方式方法能让你收到惊人的好效果。

诱之以利，让他动心

精明人大多都注重经济利益，因此与他们做生意要耐心地多算一些账，让他们看到真正的实惠所在。

许夫曼是纽约市凯迪拉克轿车的推销员，每年能卖出一百辆车。许夫曼成交的方法就是——把所有顾客都当做向“钱”看的类型。“不管你的产品和服务是什么，永远强调经济利益。”许夫曼建议：“特别是主管级顾客。因为对他们来说，钱就是一切。”

许夫曼总是在拜访顾客之前，研究好相关财务问题。许夫曼曾向一位制造业总经理推销凯迪拉克，但是得不到回应。于是，许夫曼从口袋里拿出算好的数据说：“利特先生，我刚才替你算了一下。你去年买了一部两万四千美元的车，假如你用那辆车交换这部两万八千美元的车，你可以额外节税四千美元，请你看看这些资料。”顾客当场签下了订单。

“我甚至教某些顾客如何换车赚钱，”许夫曼说，“这种利益不错吧！”许夫曼卖的不是汽车，而是经济利益。仔细想想，他只不过是配合顾客，耐心又灵活地调整自己。

通常来说，精明的顾客总想以更少的钱，买更好更多的东西。这确实令人生厌，但请你冷静下来好好想一想，“更好更多”不正是买方最想要的吗？提供“更好更多”不正是你的工作吗？至于如何提供“更好更多”，就看你怎么做了。

林穗凯是一位人力资源经纪人。某天，他在一家糖果店目睹了令人难忘的一幕。有位女服务员的柜台前挤满一整排的顾客，其他服务员却无所事事。等人群逐渐散去后，林穗凯问这位成功的服务员：“为什么顾客比较喜欢你？”

“道理很简单。其他服务员都装一公斤多的糖果，然后减到刚好一公斤。我则装不到一公斤的糖果，然后加到刚好一公斤。”

所有服务员都给了一公斤的糖果，而这位成功的服务员“多给”了一些。不管你推销的是什么产品，总能想办法让顾客多得一些利益。当你培养出恰当的心理气氛时，就可以利用“多给一些”的技巧提高成交率。

贪得无厌几乎就是人的本性，精明人更不例外。因此，做生意要富有耐心地想办法让精明的顾客感觉到他们从中所获得的明显好处。

阿诺德准备出售自己的一辆旧式雪弗兰汽车，当他将消息发布以后，许多有意购买的顾客都前来看车。这天，一个叫查尔斯的小伙子再次来到阿诺德的车库。几天之前他就来过，当时他并不太喜欢这辆车，一会儿嫌车型太老旧，车身漆色暗淡无光，一会儿又嫌后备厢空间小，轮胎磨损严重等，在他眼里这辆车就是一辆不值几个钱的破车。但是，他今天又来了。

查尔斯一进门就大声说道：“我看这辆车是卖不出去了，我建议你还是卖给我吧！”

虽然阿诺德气不打一处来，但是他仍满面笑容地说：“虽然我这辆车是老了一些，但是离报废期还有 5 年的时间，这 5 年，足够为你节省这 2000 美元了。”

查尔斯说：“如果你的车没有这么旧，或许我会接受你的价位，可问题是它并不值 2000 美元，如果我接受了你的价位，我肯定会被老婆扫地出门。”

阿诺德笑呵呵地说：“我相信你的太太会接受你的意见，我的价位已经最低了。”

查尔斯不依不饶：“伙计，你应该仔细看看你的车，平均每年，我将为此多支付100美元的维修费用，这可是一笔不小的费用。”

阿诺德非常耐心地笑着说：“当然，100美元已经是二手车中比较低的维修费了。我这辆车其实挺受欢迎的。”

不管查尔斯是什么态度，阿诺德都耐心从容地应对。虽然查尔斯对这辆车挑剔得体无完肤，但最后还是以2000美元买下了这辆车。

精明人大多争取以最实惠的价格买到最满意的产品或者服务，这是完全可以理解的。针对他们的这一特点，如果我们能够耐心又富有技巧地向其讲解清楚自己产品和服务的好处或价值所在，那么就为实现成交增加更多把握了。

通常只要再耐心一点点，一笔交易就能顺利达成。与精明人做生意要强调经济利益，耐心细致为他们算清财务账和利弊得失，等到他们真正明白了得大于失或利大于弊时，那么成交的时刻也就跟着到来了。

集中精力，提供超值服务

每个人从内心深处都渴望得到别人的关心和真诚服务，精明人也不例外。在生意上，尽心尽力为精明人提供超值服务是与他们实现长久合作共赢的重要法宝。

梁庚海是某商行有限责任公司的外贸销售代理，自从进入这家以外贸出口为主营业务的公司以来，他的业绩在营销部始终名列前茅，特别是在开拓和维护关键客户的过程中，屡屡让他的同事钦佩不已，问及销售秘诀，梁庚海很多时候都是轻描淡写的一句话：“集中精力，为客户提供超值服务。”

在他看来，所有重要的客户永远是需要真正贴心服务的。

2005 年 12 月中旬，梁庚海从在美国联合航空工作的同学口中得知，由于国际市场油价高涨，使得美国独立航空公司面临破产的危机。他突然想起自己的一个重要客户计划到美国洽谈进口水下通信技术设备，订的从华盛顿到亚特兰大的机票正是这家航空公司的。于是他马上打电话提醒该客户，但是由于独立航空公司的机票价格便宜，该客户不愿意更改。为了说服该老板，梁庚海亲自赶到该企业所在地，把客观的现实情况一一耐心细致地道来，经过一个多小时，终于劝动了该老板换了另外一家航空公司的机票。

2006 年 1 月 2 日，美国独立航空公司宣布从 1 月开始停飞。由于及时更换了航空机票，该客户到美国洽谈的事宜没有因此而耽搁。事后这个客户对梁庚海非常感激，由于梁庚海细致入微的服务，不仅避免了该公司的重大损失，而且这笔生意让该客户成功赚取了 53 万美金。对此，这个在生意场上纵横驰骋大半辈子的精明人由衷发出感慨：“在我的生意合作伙伴中，能提供如此耐心细致的客户服务，还真是少见！”

对于所有的重点客户，梁庚海的原则是一定坚持有规律的拜访。为了使拜访更加有效，梁庚海去拜访客户的时间雷打不动地选择在星期四的下午，风雨无阻地坚持下来，已经到了无须与客户预约的程度。

这种在外人看来非常死板的方式，随着时间和次数的增多，效果越来越明显，这种无言的承诺，使得越来越多的客户相信梁庚海所在的企业必定是一个遵守承诺的公司。长久的合作便是从这样的细节开始起步的。

正可谓“功夫不负有心人”。精明人大多注重细节，如果能为他们提供细致独到的超值服务，使他们深受感动并赢得丰足利润，那么他们就会非常愿意跟我们长久合作，共创双赢或多赢局面。

毋须多言，与精明人做生意时，要多在细节上下工夫，想尽一切办法让他们感受到我们在细微之处体现出来的非凡价值。同时，我们也要知道细节既能创造正效益，也会产生负效应。每一条跑道上都挤满了参赛选手，每一个行业都挤满了竞争对手。如果我们任意一个细节做得不好，都有可能把顾客推到竞争对手的怀抱中。可见，任何对细节的忽视，都会影响企业生意方面的效益。

东京一家贸易公司有一位小姐，专门负责为客商购买车票。她常给德国一家大公司的商务经理购买来往于东京、大阪之间的火车票。

不久，这位经理发现一件趣事，每次去大阪时，座位总在右窗口，返回东京时又总在左窗边。经理询问小姐其中的缘故。小姐笑答道："车去大阪时，富士山在您右边；返回东京时，富士山已到了您的左边。我想，外国人都喜欢富士山的壮丽景色，所以，我替您买了不同的车票。"

就是这种不起眼的细心事，使这位德国经理十分感动，促使他把对这家日本公司的贸易额由400万马克，提高到1200万马克。他认为，在这样一个微不足道的小事上，这家公司的职员都能够想得这么周到，那么，跟他们做生意还有什么不放心的呢?

要知道，与我们做生意的顾客通常是精明的，只有我们在服务细节上富有耐心地做得尽可能出色到位，才会赢得他们的青睐，也才能赚到他们的钱!

细节决定成败。深入细致的服务常常能打动顾客的心。与精明人做生意要尽心尽力为他们着想，多为他们提供超出他们想象的、细节性的超值服务，这对生意的成交与合作意义不容低估。

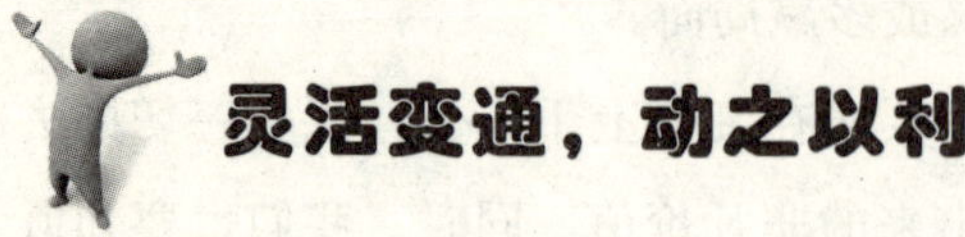

灵活变通，动之以利

凡事都有一定的弹性，精明人深谙此理。因此，与精明人做生意就要懂得灵活变通，善于耐心地做到晓之以理，动之以利，并且重信誉、守承诺，那么通常会如愿以偿。

德格集团是一家代理德国大型运输设备的公司。2005年3月，公司高层通过内部消息得知通达工程公司计划购买20辆重型卡车，于是马上派销售经理王凯全力以赴、力争促成这笔总价值在3000万元以上的生意。

王凯很快介入，按照产品销售的惯例，他首先找到了工程部经理，经过初步沟通，得知工程部经理主张购买德国设备，因为德国设备的品质和服务都比国内同等产品要好很多，这个消息对王凯及德科集团都非常有利。

但是下一步让他始料不及的是：当他找到设备部经理时，经理明确表示这次无意购买进口设备，原因在于财务部的经费比较紧张，预算只能维持在购买国产品牌上。

王凯本着“擒贼先擒王”的想法找到通达公司的总经理，但总经理的答复是如果预算不足的话，他本人也无计可施。

生意进行至此，似乎已经没有多大希望了，跑单的可能性非常大，销售经理王凯似乎走入了死胡同。关键时刻，他立即向公司的销售总监汇报了所有的情况，销售总监立即指示：要再对该公司的财务部经理多做工作，同时向该公司负责人提出卡车零部件进口的建议（国家对整车进口所征收的关税比较高，而对车辆零部件所征收的关税相对少很多）。

按照销售总监的部署，王凯经过一段时间的积极运作后，财务部经理最后答应预算可以作些小的调整，但具体还需要与设备部及工程部联系。

王凯在与设备部经理的进一步接触中，经理对零部件进口表示出浓厚兴趣，但工程部的采购需求报告中指出零配件进口之后车辆的售后得不到国外厂家的直接服务。设备部经理将此情况向总经理作了汇报，总经理表示要进一步与总工程师研究。

王凯接触总工程师以后，总工程师认为如果德科集团愿意提供与德国公司原装产品同等的售后服务，那么购买零部件也是可以考虑的。王凯当即承诺对该运输公司将提供一样的售后服务，并且对进口零部件与原装进口的差价作了说明以后，总工程师马上给总经理打电话，表明了他的倾向性意见。

与此同时，王凯又将销售的主要精力放在了总经理身上。经过进一步的工作，总经理与财务部经理进行了沟通，财务部经理同意对预算作进一步的调整。最后，销售经理王凯成功地获得了20台总价值3000万元的订单。

应该承认，通达工程公司的高层领导都是精明人，他们懂得根据自己公司财务等方面的实际情况和进出口关税的有关情况，及时作出恰当的变通。加上客户（德格集团）的积极运作与全力配合，最终使双方实现生意的圆满成交。

面对艰难复杂的生意交易项目，要勇于正视挑战和迎接挑战，把相关的事项向客户解释清楚，是十分必要的。与精明人进行繁杂的生意项目，既要准确把握他们的真正需求，同时结合自身的情况耐心说明关键环节和利害所在，这对于生意的成交起着决定性的作用。

“曲线救国”，逐步推进

精明人也会有认识上的“盲区”，而且有时必须先突破这些盲区，才有利于生意上的成交。为了有效消除他们的认识盲区，如果不便于直接跟他们沟通，那么不妨从他们身边的得力人士入手，“搬来救兵”，耐心做好解说工作，力争“曲线救国”，逐步达成生意上的合作。

梁伟是某公司的软件销售代表，他非常优秀，以前每年的业绩都是上千万。然而梁伟向B公司销售软件时，遭受到了阻力。虽然他擅长于直接跟用户高层接触，但这一次他接触时，高层根本不理睬他。因为B公司极为精明的赵总看中C公司的产品，对梁伟公司的软件根本不看好。梁伟发现跟赵总联系不上，就跟赵总的助手联络，打电话一直到助手烦了，明确地告诉梁伟：“你不要再给赵总打电话了，他已经生气了。”到了这个份儿上，梁伟觉得这个生意走到了死胡同。

究竟该怎么办呢？经过耐心地反复思量，梁伟突然想起来了，D公司的副总陆贤权曾经买过自己的软件，跟自己关系不错，而且，陆贤权好像还和B公司有业务上的往来。像抓到了救命稻草一样，梁伟立即向陆贤权求助。

早在梁伟向陆贤权销售软件时，两人就已经建立起比较友好的关系，由于陆贤权非常认可梁伟的为人，所以两人在生意之外还有一些交情。接到梁伟的求助，陆贤权回答说自己和赵总的副手比较熟，并且答应帮忙。

在陆贤权的安排下，梁伟和赵总的副手见面了。梁伟详细地向那个助手讲解了该软件的优点，在陆贤权的例证下，这些优点都实用、可信。

助手一听，连声感叹：“如果是这样的话，我们老总应该了解，我们应该认真听你讲课，你能不能到我们公司给我们老总以及全体的IT经理们讲堂课呢？”这个副手当即决定邀请梁伟过去给他们讲课。

课讲得很成功，助手和IT经理们都十分支持梁伟。为了促成公司购进这批软件，他们还充当了梁伟的教练。在他们的帮助下，梁伟和赵总见面了，并且越聊越投机。赵总逐渐开始认可梁伟这个人。

最后，赵总放弃了和另一家公司的合作，而与梁伟签订了400万的合同，购买了梁伟公司全套的软件。

精明人的视野也难免有局限。而这种局限性有可能会妨碍他们对某些问题的正确认识，使实现生意的顺利成交变得相当困难。若是一时难以直接解决这些难题，我们可以考虑向精明人周围的重要人士求救，设法一步步达成预期目标。

借力使力不费力。在生意遇到难关之时，借助有实际经验和有说服力的人物来解决问题，是值得提倡的好方法。尤其面对偏于保守的精明决策人，这一方法的效用往往非常显著。

第六章

精明人很好“奇”：不走寻常路，出奇方制胜

好奇几乎是人的天性。精明人也很好“奇”，与他们做生意要敢于走不寻常之路，才能出奇制胜。所谓“出奇”，就是打破常规，不按常理出牌，独辟蹊径，开创新局面。其中，出奇的方式多种多样，不胜枚举。而与精明人做生意的出奇策略犹如兵法一样变幻莫测，不绝如江河，道、法、术等应有尽有。此中妙理只可意会，难以言传。

暗度陈仓，巧诱对方

在竞争激烈的市场中，无论与精明人作为竞争对手还是合作伙伴，都需要别出心裁和发挥自身优势，才能从众多同行中尽快脱颖而出，成为获利最大的胜利者。

众所周知，在石油大王哈默的经营史中最成功的一次是在利比亚。无论是对哈默本人，还是西方石油公司的3万名职员及公司的35万名股东来说，一提起这件事，他们都会赞叹不已。

在伊德里斯国王统治的年代，利比亚就像得克萨斯州当年最初发现石油时那样，吸引着石油资本家。

只要是沙漠的干风没有把黄沙刮得遮天蔽日，那里每天都充满了买进卖出、赢钱和输钱的气氛，的黎波里和班加西这两个互相竞争的大都市看上去像是巨大的集市，到处都在进行掷骰子赌博。参加赌博的人是各式各样的石油经营者，其中有来自各国政府的，有来自大型石油公司的，有来自独立公司的，也有企图涉足石油业的，带着随身的内阁部长们，带着旧日部下的前任内阁们、亲朋好友们，妄图通过装模作样地与一个政客握一次手而接近国王的穷流浪汉们，还有冒牌的法国将军，曾在哥伦比亚大学干过的著名美国科学家等，都纷纷拿租借地、地质勘探资料以及形形色色的消息秘闻，和内幕情况做着交易。

当哈默的西方石油公司来到利比亚的时候，正值利比亚政府准备进行第二轮出让租借地的谈判。出租的地区大部分都是原先一些大公司放弃了的利比亚租借地。根据利比亚法律，石油公司应尽快开发他们租得的租借地，如果开采不到石油，就必须把一部分租借地归还给利比亚政府。

第二轮谈判中就包括已经打出若干孔“干井”的土地，但也有若干块与产油区相邻的沙漠地。来自9个国家的40多家公司参加了这次投标，有些参加投标的公司，他们的情况显然比空架子也强不了多少，他们希望拿到租地之后，再转手给一家资金实力雄厚的公司，以交换一部分生产出来的石油，另有一些公司（其中包括西方石油公司），虽然财力不足，但至少具有经营石油工业的经验。利比亚政府允许一些规模较小的公司参加投标，因为他们首先要避免的是遭受大石油公司和大财团的控制，其次才会去考虑类似资金有限的问题。

哈默尽管曾于1961年受肯尼迪总统的委托到过利比亚，与伊德里斯国王建立了私人关系，且伊德里斯一世在托布鲁克王宫一次欢迎会上真诚地对哈默说：“真主派您来到了利比亚！”这比别人稍稍有利。但在第二轮租借地的争夺战中，同一批资金雄厚的大公司相比，哈默无异于小巫见大巫，只不过是一名讨价还价的商人而已。此刻，在灼热的利比亚，同那些一举手就可以把他推翻的石油巨头们进行竞争，同时还要分析估量那些自称可以使国王言听计从的大言不惭的中间商们所说的话到底有多少真实性，对哈默来说的确处境很不利，自有苦衷。但哈默就是哈默，绝对不会因此而气馁，善罢甘休不是他的作风。一个年轻时就曾远涉重洋与列宁打过交道的人，他明白，为了能在第二轮租借地的谈判中挫败实力雄厚的竞争对手，只能巧取，不能豪夺，而唯一可行的方案就是暗中向利比亚政府申请：如果西方石油公司能得到租借地，将给予政府诸多好处，也请利比亚政府给予西方石油公司比其他竞争对手更优惠的条件。

哈默在随后的投标上，来了个“明修栈道”——采取了与众不同的方式：他的投标书采用羊皮证件的形式，卷成一卷后用代表利比亚国旗颜色的红、绿、黑三色缎带扎束。

在投标书的正文中，哈默加上一条：西方石油公司愿从尚未扣除税款的毛利中取出5%供利比亚发展农业之用。此外，投标书还允诺在库夫拉图附近的沙漠绿洲中寻找水源，而库夫拉图恰巧就是国王和王后的诞生地，国王父亲的陵墓也座落在那里。挂在招标委员会鼻子前面的还有一根

“胡萝卜”，西方石油公司将进行一项可行性研究，一旦在利比亚采出石油，该公司将同利比亚政府联合兴建一座制氨厂。

1966 年 3 月，哈默的暗度陈仓果然成功，同时得到两块租借地，其中一块四周都是产油的油井，并有 17 人投标竞争这块土地，且多是实力雄厚的知名公司，可结果个个名落孙山，唯有西方石油公司独占鳌头；另一块地也有 7 个人投标，但最终还是归在了西方石油公司名下。这第二轮谈判招标的结果使那些显赫一时的竞争者大为吃惊，不明其所以然，深深为哈默高超的谈判手段、技巧而叹服。夺得这两块租借地后，西方石油公司凭着独特有效的经营管理，使之成为其财富的源泉。1967 年 4 月，西方石油公司的黑色金子流到了海边，在那个令人难忘、规模宏大的纪念日，仅庆典就用去整整 100 万美元之多。

实力弱小的西方石油公司，之所以能在实力非凡的众投标者中独占鳌头，一举夺得两块租借地，关键在于其在明修栈道、引人瞩目的大动作下，又来了暗度陈仓的小动作，致使精明的利比亚政府在哈默提供的利益允诺的诱惑下，天平倾向于西方石油公司，哈默取得了招商谈判的巨大成功，招商竞标的结果大大出人意料。

在诡谲多变的商战中步步是关键，处处有玄机，只有充分发挥自身的优势并高人一筹，才能最终取得胜利，因此各种虚虚实实的竞争手法必定层出不穷。在诸多竞争环境中，暗度陈仓的确是制胜高招。

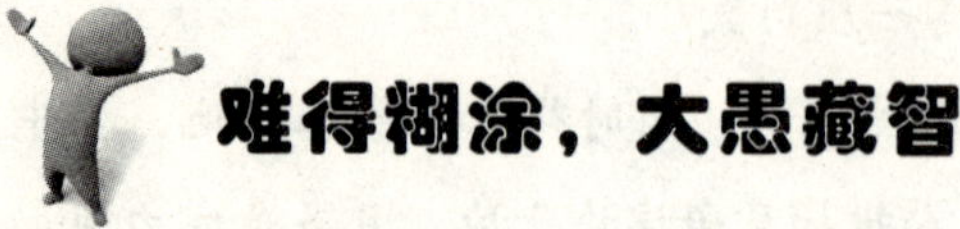

难得糊涂，大愚藏智

“难得糊涂”历来被推崇为高明的处世之道。只要你懂得装傻，你就并非傻瓜，而是大智若愚。在生意场上，许多精明人正是被对方的“愚蠢”所蒙蔽而“上当”。

美国第九届总统威廉·亨利·哈里逊出生在一个小镇上。他是一个文静又怕羞的孩子，很多人把他看做是傻瓜。

镇上的人总是喜欢捉弄他。他们经常把一枚五分的硬币和一枚一角的硬币扔在他面前，让他任意捡一个。威廉总是捡那个五分的，大家都嘲笑他。

有一天，一位妇人看到别人又这样捉弄他，觉得他很可怜，便对他说：“威廉，难道你不知道一角要比五分值钱吗？”“当然知道，”威廉慢条斯理地说：“不过，如果我捡了那个一角的，恐怕他们就再也没有兴趣扔钱给我了。”

当人们到达了大智若愚，大巧若拙的地步时，他们的境界可以说已经超出了常人想象的范围了。智者不会拿出一些世俗的事情去表现自己的大智慧，常常认为把时间放在这些毫无意义的事情上是在浪费青春和生命的时间。在他们“愚”的时候，也闪烁出了智慧的光芒。小时候的威廉·亨利·哈里逊就表现出了他被人忽略的智慧，表面上看小威廉不去捡一角的确是有点愚，但两个五分的就等于一角了，更何况经常可以捡呢？恐怕会远远地超地那一角吧。“愚”者的智慧就在于此，当然也不仅限于此。

大智若愚是一种境界，甚至可以说是一种至高的境界。大智若愚者，虽“愚”却心胸开阔，处事有着不同的风范，不为小事所缠身；大智若愚者，虽“愚”却自制力很好，能很好的控制自己的情绪，释放自己的情怀；大智若愚者，虽“愚”却做事谨慎，考虑周到，顾全大局。

而当今社会中，有许多人真可谓是与大智若愚者形成强烈的对比。只顾自身的利益，任何有阻自身利益的事情，无论对错，不顾道义，皆不能容。这种行为本身就降低了自身的素质，同时也让别人认为你不是一个可以相交的朋友，在不知不觉中，把自己孤立起来，同时就失去了人格的魅力，这种行为确实是种愚昧的行为，而不能称之为大愚中藏智的表现。

大智若愚是一种超脱凡俗的智慧。在与人交往或做生意的过程中，我们要学习古人的做法，大智若愚绝对是一种明智的表现。

在适当的时候装糊涂不但是必要的，而且是睿智的。我们不妨看一下日本人谈判的杀手锏——示拙。

日本一家公司与美国一家公司正在就许可证贸易进行谈判。谈判一开始，“精明”的美国人就滔滔不绝地介绍情况，试图先声夺人，赢得主动权。可是日本人一言不发，埋头记录；当被问及日方的态度时，他们故意表现出糊涂，称“我们全都不明白，请允许我们回去研究一下”，于是第一轮谈判结束了。

一个月之后，日方又换了一班人马来谈判。这些人仿佛根本不了解上次谈判的情况，让美国人再滔滔不绝地讲述一遍。这时日本人又故伎重演，以“完全不明白，回去研究一下”为借口结束第二轮谈判。

又过了一段时间，这场戏又演了一次，不同的是，日方通知美方，一旦有结果，立即通知美方。

半年过去了，日方仍然没有传出消息。正当美国人破口大骂日方毫无诚意时，日方公司的代表团突然出现，拿出完整的方案让美国人讨论，搞得美国人措手不及，最后不得不按照日本人的意图达成了协议。

从上可见，日本人表面装糊涂，实则精明，他们抓住了美国人急躁外露的性格特点，以静制动，赢得了谈判。

以愚掩慧，功成是瞻，有智慧而不炫耀自己，是大家风度。有才能宁可装糊涂，是智者所为，以愚掩慧只有一个目的：达成合作，获得成功。与精明人做生意，以愚藏智常常能收到超乎寻常的成效。

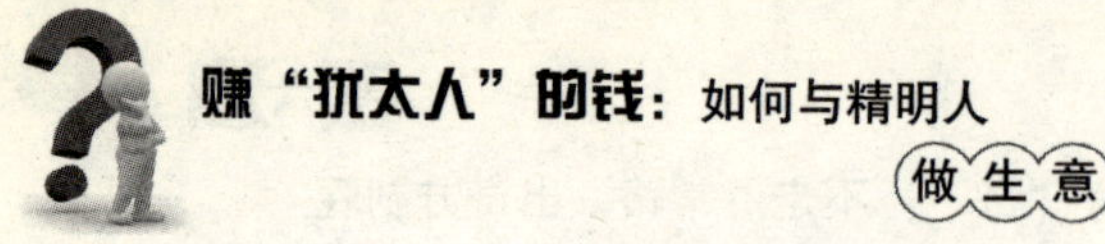

大智若愚，大巧若拙。与精明人做生意，当我们在某些方面明显处于劣势时，不妨装聋作哑，以静制动，拙中藏巧，迷惑对方，然后变被动为主动，争取以弱胜强。

逆向思维，绝对成交

一般人多数时候习惯于按正向思维考虑事情，精明人概莫能外。做生意时，若能巧用逆向思维，往往更容易成交。

比尔在推销界服务了约三个月后，首度运用了心理学这项真正的营销学问。在当时，推销高级厨具这类商品并不容易，比尔必须尽一切可能争取最多的客户，但交货的时间却通常都会延迟1~3个月。大量的需求无法获得满足，具有经验的推销员自然能充分发挥，但比尔在当时还只是刚刚涉足推销界，他做得很辛苦。

有一天，比尔敲开了一户人家的门，试图向他们推销商品，户主安先生是一位精明警觉的高速公路巡逻警察，开门的是他的太太，她让比尔进入屋内，并告诉比尔说，她的先生和邻居布威先生在后院，她和布威太太乐意看看比尔的厨具。当比尔进到屋内后，他鼓励两位太太邀请她们的先生一同看他的商品，比尔担保她们的先生也会对商品展示感兴趣，两位太太于是把她们的先生请了进来。

无论如何，要说服男人认真观看商品展示是极困难的事情。比尔带着热诚展示他的厨具，以本公司厨具煮未加水的苹果，也以他们自家的厨具加水煮一些苹果，比尔把最后的差异指出来，令他们印象深刻，然而男士们仍装作没兴趣的样子，唯恐要掏腰包买下比尔的厨具。

在此时，比尔知道营销过程并未奏效，因此决定运用“逆向”成交法。他清理好厨具，打包妥当，然后向两对夫妻表示：“很感激你们给予机会展示商品，原本期望能在今天将产品提给你们，但只能等待以后的机会。”

结果两位先生即刻对比尔的厨具表现出高度的兴致，他们两人同时离开座位，并问比尔什么时候可以出货，比尔告诉他们，他也无法确定日期，但有货时他会通知他们。他们坚持说：“怎么知道你不会忘了这件事。”比尔回答说：“为了安全起见，建议你们先付订金，当公司有货时就会送来，可能要等上1～3个月。”他们俩人都热切地从口袋中掏出钱来，预付订金给比尔，大约在6周之后比尔将货送到这两户人家。在整个营销过程中，比尔所说的都是事实。

人的天性表明，越是得不到或很难取得的货物，他们就会越想要得到。比尔只是适当利用了人的这一天性，做成了两笔生意。因此，与精明人做生意，有时不妨使用逆向思维，反其道而行，引起他们的足够兴趣，吊足他们的胃口，这对成交将具有极大的促进作用。

古语云：反者道之动。事物的变化发展总有正反之道。当人们都朝着所谓的正向进行思维和行动时，我们反其道而行之，出其不意，可能取得意想不到的满意效果。与精明人做生意，也可遵循此“反道”。

抛开企图，无心插柳

精明人有时会很反感目的性很强的销售人员。遇到这样的情况，就应该因人制宜。特别是在经过一段较长时间的积极努力之后依然毫无成效时，要学会暂时抛开有关生意成交的企图心，进而与对方做一些跟生意似乎无关，但于对方有利的事情，因此反而可能让你获得“无心插柳柳成荫”的惊喜成效。这不失为一种在无望境地中的奇招。

梁连斌是某家企业的销售代表，他向一家连锁商推销了两三年，却一点成效都没有，反而受尽了白眼，于是对这家连锁商恨之入骨。

后来，梁连斌有幸参加了一个全国性的培训。在和一位知名的培训师交流时，梁连斌讲述了自己的失败经历，并把这家连锁商骂得体无完肤。

培训师笑了笑，对他说：“或许你应该采取一些其他的办法。”

下堂课上，营销专家出了一道辩论题：“连锁超市的出现是利大于弊，还是弊大于利?”梁连斌被分在了正方。他虽然极不情愿，但争强好胜的他还是下定决心要赢。那家连锁商是一个全国知名企业，很有代表性。于是，他又一次迫不得已地去拜访那位拒绝了他无数次的经理。

精明的连锁商经理似乎天生和他犯冲，还没等他开口，这位经理就毫不客气地说：“我是绝对不会考虑买你的商品的!”

还没说明来意就遭到拒绝，梁连斌羞愧万分，他虽然很生气，但还是抓紧机会说：“经理，请你不要生气，我不是来卖东西的，我来是向你请教一个问题。”

梁连斌把辩论的事告诉了他，并诚恳地说：“经理，我实在想不出有谁比你更了解这家连锁企业对国家、对人民作出的贡献，也想不出有谁比你更清楚这家企业的优点，所以我特意来向你讨教。希望你能告诉我一些相关的情况，帮我赢得这场辩论。”

梁连斌的话引起了经理的极大兴趣，而且他认为这是一个事关公司形象的大事，于是，他从这家企业的艰苦创业谈起，谈到企业的发展壮大，谈到企业每年上交的税款，谈到企业为社会提供的就业机会，越谈越高兴，居然谈了两个多小时。期间，梁连斌频频点头，对经理的谈话表现出极大的理解和赞同。一向冷言冷语的经理，居然兴奋得面颊绯红，双眼迸发出亮光。

经理显然对梁连斌拿他们企业作为典型案例感到十分高兴，更为梁连斌为自己提供了这么一个表现的机会而开心不已。此后，经理和梁连斌就辩论题的问题电话联络了好几次，两人由辩论题又聊到其他的话题，越聊越开心。

后来，梁连斌为赢得辩论赛去向经理道谢。当他起身告辞时，经理一直把他送到了电梯口，他的最后一句话是：“请你在年底的时候来找我，到时候我们有变更供应商的计划。”

有道是：旱路不通水路通；条条道路通罗马。与精明人做生意，如果正面接触洽谈行不通，那就换另一种方法，甚至完全不谈有关生意的事情，而只谈对方感兴趣或熟悉擅长同时于对方有积极意义的话题。如此一来，你将可能看到云开日出，于是苦尽甘来、喜上心头。

有心栽花花不开，无意插柳柳成荫。有时，没有目标的目标即是最好的目标。与精明人做生意，某些时候先抛开一定要成交的企图心，另辟蹊径，只跟他们谈谈“无关紧要”的事情，反倒会取得意外的收获。

掌握情报，出奇成交

情报就是财富，掌握了客户的精确情报，就有利于创造机会与客户进行高质量的接洽，并满足客户重要的潜在需求，从而出奇高效地促进生意成交。与精明人做生意，这一办法的收效也十分显著。从以下实例，我们可以窥见一斑。

随着中国省级电视台上星频道的不断增多，对于视讯设备的需求也逐渐扩大。在全国的视讯设备供应商中，上海某集团是其中一家佼佼者，其市场占有率一直处于全国的前三甲，这其中有几位和销售经理黄丽敏类似的销售精英发挥着关键的作用。

黄丽敏是三年前进入这家公司担任销售人员的，从最底层的业务员做起，一直到今天的经理，其间付出不少辛劳的汗水。对于成功的秘诀，她自己的总结就是一句话："工欲善其事，必先利其器。"

去年某省级电视台准备开播新的一档栏目，需要建立一个400平方米的数字演播室，所需费用预计接近1000万元。当黄丽敏获知这个消息的时候，距离这个项目的最后期限只有一个星期的时间，而这个项目所涉及的部门之多，一般而言，在四五天的时间根本连这些部门的主要负责人都见不全，怎么可能拿到订单呢?

黄丽敏看到了眼前的困局，但是她没有气馁，当天便赶到这家电视台。

由于长期做这一行积累了大量的资源，对于电视台的相关领导的个人情况，黄丽敏可以说达到了无所不知的程度。当天了解到工程的相关资料后，黄丽敏立即给公司总部打电话，要求公司老总务必和台长接洽上，因为台长的行程早就在黄丽敏的掌握之中。此刻他正在上海参加一个高峰论坛，绝好的机会，怎能放过?

第二天晚上，黄丽敏赶回上海的时候，公司老总正在陪同台长观看世界男高音之王帕瓦罗蒂的演唱会。当然，这个安排也是黄丽敏特意为之，对于台长的喜好，她早就了如指掌。

台长的儿子明年要高考，借此机会，黄丽敏安排了台长考察上海名牌大学。第三天下午，黄丽敏和公司老总一起陪同台长参观了复旦大学，并见到学校相关领导。晚上，老总提出一个要求，希望台长到公司参观。

参观完公司之后，精明的台长表示对公司的印象很不错，可以考虑将视讯设备的工程交给公司。之后的事情当然也就顺理成章了。

1000万元的大单被黄丽敏最后拿下，公司开庆功会，老总点名要黄丽敏介绍经验。黄丽敏没有说话，只是打开随身的笔记本电脑，客户的相关资料占据了硬盘20G的容量，并且这些资料都处在随时更新的过程中。

会后，黄丽敏得到一个新的绰号：“克格勃”。

可见，情报对于生意的成功多么重要。与精明人做生意，就要随时掌握他们的动态情报，努力做到充分了解并及时准确地满足他们的需求，因而在激烈的市场竞争中抢占先机。

最大限度了解客户的情报或信息，就能最大限度挖掘和发现客户的需求。谁最了解客户的需求，谁就能最先抢得主动权和把握有利时机。与精明人做生意，及时充分地掌握他们的信息和需求，是取得成功的利器。

随机应变，顺势制宜

做生意要懂得在不同的环境中，以不同的方式对待所发生的事情。倘若在面对不同事物时不懂得变通，一味地墨守成规，不会灵活地随机应变，那就很难把事办成。只有懂得随机应变的人或企业，做起事来才会事半功倍。

与精明人做生意也是一样的道理，面对他们的打击，不要以硬碰硬，要在充分了解对方有关情况的基础上巧妙地以退为进，并寻找东山再起的机会。要懂得退一步是为了进两步。

某年，甲集团频频召开高层会议，讨论如何面对“精明”的后起之秀乙集团的逼人之势：乙集团连续4年高速成长，由行业第八变成现在的第二，销量直逼甲集团的60%，是行业老三的1.5倍多，高速增长使其毫不费力地得到了大笔的风险投资。挟资本之威，乙集团在全国市场上攻城略地，大有不做霸王誓不罢休之势。

作为中国木业的老大，甲集团无法躲避，也无处躲避。上一个季度，双方在各地频发摩擦，甲集团强力打压，成效甚微，乙集团的市场反而呈现爆炸式提升。

毫无疑问，正面对抗的阵地战已经不能打了，只能迂回。然而出路在哪儿？

和很多行业一样，成本的竞争往往体现在原材料价格上。而经过数年发展，各品牌运营商在终端的硬件比拼上已经几乎走到尽头，终端的竞争方向在于提升推进成交的微观行为，即竞争已由硬到软。

乙集团因为融资而有了资本实力，却在投资方的要求下不得不追求短期效果。终端软实力不是一时半会儿可以提高的，又不存在技术革命的前提，其量的扩张必然围绕两个方面：一是价格战，二是策反其他企业的渠道。价格战是损元气的战法，不足畏惧。在渠道争夺上，甲集团只要稳住自身的渠道即可，而乙集团改造收编而来的渠道则良莠不齐，处理不好，内部会发生混乱。

同时，在高速扩张中是很难做好除了销售以外的更多环节的，如物流、售后、终端销售的细节等。这些环节出的纰漏如果不能迅速弥补，不出半年就会因销售掣肘而产生很多内部矛盾。

基于这种态势，甲集团制定了主动防御的战略方针：

(1) 引诱对手在量大利薄的中档市场开展价格战，但自己不参战；

(2) 稳固自身渠道，防止代理商被策反；

(3) 加强终端软实力建设，提高微观成交概率；

(4) 提高物流保障、售后等服务性工作的水平；

(5) 利用对手对上游尚无觊觎能力的机会，进入上游；

(6) 树立若干战略性典型区域，实施产品升级。

这些策略的核心是隐蔽自己，鼓励对方在既定方向上全力进攻，无暇、无力顾及其他方面的竞争，而自己则趁机占取上游资源，围魏救赵。整个战略时间跨度，决策层将其定在一年左右。

为了验证战略是否可行，必须探明对手的决策思路。于是，在年底之前，甲集团安排了四个试探性工作：

（1）在敏感地区释放价格战信息，发现对手总是有激烈的反应，以此判断其以价格、利润换取报表数字的高层决策思路短期不会发生变化；

（2）重金收买其集团内部人员，确证乙集团的决策思路；

（3）利用行业峰会巧妙唱衰自我，与对手所谈的“资本改变行业结构”不同，甲集团代表大谈“规模不经济”的理论，使对手对自己产生误判；

（4）随后，甲集团高层带着对代理商利好的全新政策，奔波于各地召开区域政策会议，将主动防御的策略不动声色地安排到各地的执行层面上，同时明确一点：一旦发现代理商与乙集团发生任何形式的暧昧，会立即遭到最为严厉的惩罚。

这四项工作成为整个主动防御战略实施的序曲。新年一过，甲集团就安排了第一个回合的较量，主动示弱。

首先，开展舆论战。以“不小心”泄露企业促销计划方案的方法，促使对手掀起猛烈的价格战和区域争夺战，进入自己设定的竞争方向。

其次，提升微观成交概率和终端软实力。在这个回合中安排区域导购轮训、一线业务人员轮训，为公司的策略批量培养执行人员。而对外则渲染因为不断丧失固有市场而进行培训，再次给对手以错觉。

最后，对代理商大规模洗脑，交流终端成交的成熟做法，促进代理商思路、行为和操控能力升级，防止在公司局部退让时发生内乱，为整个主动防御战略布下最重要的一颗棋子。

第一季度很快就过去了。对手的销量同比增长了20%多，风光无限。甲集团则给出了如下分析：对手高端部分被彻底压制，除去营销成本几乎没有多少利润增长；自己表面上销量下降，但代理商利润增长15%左右，公司营业利润也增长了5%。这个结果还是不错的。

第一回合的结果鼓励了甲集团，立即开始第二回合的安排。

第二回合：暗进

……

第三回合：向上

……

第四回合：收官

……

这样，经过四个回合的较量，结果已经没有悬念，整个第四季度下来，双方销量对比回到一年半以前的局面。

在惊疑之中，甲集团在行业的新年峰会上自豪地给出了对行业升级的定义：如果技术、产品、终端硬件同质化了，那么还有产业链竞争、组织能力竞争和微观销售能力的竞争构成新的竞争力。

所以，企业在竞争中一定要找准“竞争点”。反思乙集团的竞争策略，一味追求销量、市场占有率，一味打价格战，以为只要价格有优势，就可以打败对手。其实这是没有认清行业的整体特征。整个行业已经同质化非常严重，但是关键的上游原料却很容易控制，结果被甲集团引诱进入价格泥潭，把重要资源投入到消耗战中，无力追求产业链的竞争。

甲集团在被紧急追赶的情况下，透彻分析行业本质，高屋建瓴地布局资源，不计一城一地的得失，不求每个产品都成功，是主动防御战略的典范。

当然，要想顺利地完成“以退为进”的策略，必须有一定后盾，把握好尺度，做到“不打无准备之仗”，心中没有十分的把握而轻易使用此计，一定会弄巧成拙。你退一步，按照你所掌握的对方的心理，对方愿意采取令你满意的行动，你的“以退为进”才算是达到了目的。

知己知彼，百战不殆。在竞争激烈的生意场中就是如此，“临渊羡鱼，不如退而结网”。任何时候都不要硬碰硬，那只能让你头破血流，要知道，适当适时的退守，正是为了取得更大的成功与进步。

打破常规，奇招制胜

精明人有时会倾向于谨慎和理性，比较拘泥于常理。因此，与他们做生意，要学会不按常规出牌，敢于破釜沉舟，这样也许能获得生机和占据先机。正可谓：两军相逢勇者胜，置之死地而后生。这也是重要的商道之一。

我国南方沿海某市，经济发达，吸引着很多精明而且实力雄厚的外商来投资。一些重点地段的楼价也特别高。该市最大的房地产公司，又在环岛路靠近国道的批发市场服装批发区新建了一栋楼，打算开发成名牌广场。新楼里有几十个黄金铺位，房产公司要将它们一一拍卖。

拍卖活动如期举行。活动当天，会议厅里座无虚席，竞拍者有一百多人。拍卖从最好的铺位开始，起价是50万元。拍卖师话音刚落，一位中年人便叫出了100万元的高价。顿时，整个拍卖现场鸦雀无声，大家你看我，我看你，面面相觑，不敢举手。拍卖席上拍卖师尖声锐气地叫着：“100万，有没有超过100万的？100万第二次，100万第三次，好，100万，成交！”第一个铺位被一个中年男人拍得。

第二个铺位虽然稍微逊色，但也开价30万元。拍卖师一开价，便有人喊出40万，话音刚落，就有人叫出50万元，拍卖现场骚动起来，相中铺位的竞拍者都是有备而来，争抢的人很多，竞价气氛也相当激烈，叫价声此起彼伏。最后，第二个铺位以140万元被一位批发商竞得。

很快，几十个黄金铺位全部被抢购一空，最差的铺位也拍了35万元。在整个拍卖过程中，以100万元竞得第一个最好的黄金铺位的竞拍者成了最大赢家。后来，有人采访了这位竞拍者，该竞拍者说："凭我的经验估计和预测，这个铺位的价值会超过100万元。说实在的，第一个铺位我志在必得，拍卖师一出价，我干脆把价格抛到自己认为的理想价位上。当时我也很紧张，害怕有人举手抬高了价位，幸好他们都没有思想准备，还都处在观望状态。"说完，他哈哈大笑起来。

这位中年竞拍者在这场拍卖中"反其道而行"，使其他非常精明的竞拍者尚未来得及反应过来，他就已经抢得先机，以相对便宜的价格竞拍得理想的铺位，也就相当于他赚到了一笔数目可观的本钱。

我们应该注意到，精明人有时处事保守，此时如果我们善于打破常规，就很有可能出奇制胜，实现预期的交易目标。

拉扎尔是美国影剧界的传奇经纪人。他身为专业律师，却自称为推销员。1950年前后，拉扎尔和著名演员鲍加打赌，当天晚餐前，要替鲍加谈成五笔交易。拉扎尔成功了，鲍加认输，还替拉扎尔取了个著名的外号——快手。

短小精悍的拉扎尔说："这个外号让我很骄傲，我人在纽约时，心里想着香港的推销，人在香港时，又想着莫斯科的推销。我是不折不扣的推销员。"拉扎尔和精明的出版商谈著作权时，态度向来强硬。如果出版商拒绝（传奇人物一样会遭到拒绝），拉扎尔就施展出奇制胜的绝招。

"出版商先生，你不买无所谓，"他说，"大不了我们不签合约，大家还是一样过日子。"拉扎尔无所谓的态度，反而激起顾客的购买欲望。因为顾客心想，看他有恃无恐的样子，可见这个产品非常抢手。拉扎尔的下一步，是立刻回到推销上，开始谈论产品的价值。

拉扎尔确实是顶尖的推销员。他十分善于揣摩顾客的心理，然后大胆出奇招，多精明的出版商都被他乖乖地牵着鼻子走。

敢于与众不同，才能卓越不凡。与精明人做生意要摸透他们的心思，善于综合缜密地进行分析判断，然后以大无畏的勇气突破常规，趁他们措手不及、无以应对或欲罢不能之时达到目标。

突破自我，征服对方

精明人也会被勇气所征服。例如，在进行产品销售时，如果销售员的勇气十足，勇于突破自我，那么他就会赢得更多更大的订单，赚取丰厚的利润。

一家礼品公司为推行扩大销售计划，决定每3个月雇用一名礼品推销员，新雇用的礼品推销员必须先学习产品知识和谈判方法，然后跟着礼品推销主管到现场实习，最后才能得到礼品公司李经理接见的机会。当李经理对礼品推销员讲一些带有鼓励性的话时，礼品推销员就等于领到了毕业证书。

有一年，该礼品公司雇用了一个叫陈栎汀的年轻推销员，小陈刚走出校门，没工作经验而且缺乏勇气，在经过两个阶段的学习后，小陈对自己能否胜任工作一点把握也没有，她担心经理不发给她“毕业证书”。礼品公司的李经理对她讲了“你能干好”之类的鼓励性的话后，又说道：“喂，你听着，我打算让你到街对面的一定能成交的客户的住处去推销，以往我也总是把新来的推销员派到那里去推销。理由很简单，因为那个老买主，什么时候都买我们的礼品。但是，我要预先警告你，他是一个非常精明、厚脸皮、令人讨厌、爱吵嘴而且满口粗话的人。你如果去见他，他肯定会对着你大吼大叫，不过你放心，他只是叫一会儿而已。所以，向他推销礼品时，无论他说什么你都不要介意，只要听着就行了，然后说'是的，先生，我明白了。我带来了本市最好的工艺礼品商品目录，我想这里面的东西也一定是你想要得到的东西。'总而言之，他说什么都没关系，你要坚持你的立场，然后讲你要说的话。别害怕，他在什么时候，都会向我们的礼品推销员订货的。"

这位被打足了气的年轻礼品推销员随即冲过大街，叫开门进入屋里，报了自己公司的名字。在前5分钟里，她没有机会讲上一句话。好在这位礼品推销员事先得到过警告，她耐心地等待暴风雨过去。最后她说："是的，先生，我明白了。那么，这是本市最好的工艺礼品的商品目录，这里面当然有您想要得到的东西。"这样一进一退的进攻和防御大约持续了半个小时。

半个小时后，那个年轻的礼品推销员终于得到了该礼品公司从未有过的最多的订单。当她喜滋滋地把订单交给李经理时，她说："您说的关于那位老人的话没错。他是一个非常精明、厚脸皮、令人讨厌、爱吵嘴、满口粗话的人。可是他也确实是个买主！这可是我在礼品公司任职以后的第一批订货，而且数目很大，他还帮他的一些朋友订货了呢。"李经理看了一下订单，微笑地说："那个老头在我们遇到的客户中，是最吝啬、最讨厌、最好吵架，而且是最爱说粗话的人！几年来有很多业务员总想让他买点什么东西，可是那个老头连1元钱的东西也没有买，总之，他从来没从我们这儿买过一件礼品。而你，用你的勇气做到了！"

一位年轻的礼品销售员用自己的勇气赢得了销售生涯的第一份订单。这个故事表明了勇敢的品质对于如何与精明人做好生意的重要价值。

应该说，做生意的过程会充满乐趣，也充满挑战甚至陷阱。一个典型的生意接洽过程，一般可以分为接近生意伙伴、发现需求、介绍商品或服务、排除异议、缔结成交等几个步骤。但是，往往我们的生意洽谈会在某个环节"卡壳"，因而没有达成交易。这里面有专业知识的因素，也有接洽技巧的问题。但是，是否有成交的勇气恐怕是最基本的问题。不仅是在最后的成交阶段，在销售或者生意的其他方面，勇气也是一样重要的。

违人之常情：人人都躲债主，他偏要找债主。

马文成出生在中俄边境的黑龙江省东宁县，这里是中俄贸易最火爆的地方。年轻的马文成在对俄贸易中仅用三年时间，就赚了60万元。可是商海浮沉，2003年4月，一个与他长期合作的俄罗斯人卷走了110万元的货款。这个变故不仅让马文成的60万元化为泡影，还让他欠下了50万元的债务。

2003年9月，身无分文的马文成来到俄罗斯滨海边疆区找工作。他发现，俄罗斯的果蔬生产很难满足俄罗斯人的需求，必须大量从国外进口。他认为批发代理水果是个不错的生意。国内的水果批发商将水果发至两国边界，由代理商再转批出去，每车可净赚500元，利润可观。可是批发一车水果需要3万元本金，他已经欠下了50万元的债务，到哪里去筹集3万元本金呢？

一天，马文成找到了水果批发商杨发军。杨发军以为马文成来还钱，没想到马文成竟然提出要赊销水果。一向精明的杨发军发火道：“你欠我的7万元还没还呢，又要赊销水果，你想拐走3万元的货，凑个整数吧？”马文成笑笑说：“你赊给我货，我才有机会翻身。这样吧，我每卖掉一车水果，先把本钱还给你，然后把挣的钱也给你，直到还完为止。你看怎么样。”扬发军想了想，说：“我豁出去了，你就干吧。”

有了压力，就有了动力，马文成干劲十足。夏天，他天没亮就起床整理果箱、驱赶蝇虫，以保证水果的新鲜度；冬天，他在水果上盖一层棉被，防止水果冻坏。他的货很受欢迎，他也因此赢得了客商的认可。半年后，他不仅还清了杨发军的债，还有了一笔本金。

2005年9月，马文成终于还清了所有债务，并且生意越做越红火。

违商之常规：人人都坚持，他偏要放弃。

马文成在水果批发市场站稳了脚。他不仅与俄罗斯境内的103个水果经销店建立了业务联系，还在俄罗斯租赁了两个仓库，手下有十几名员工。

业务开展得这么好，很多人都以为他会继续做强做大，但他却突然宣布要退出水果市场。这个消息在整个水果市场引起了不小的轰动，最不能接受的是他的妻子。马文成耐心地对妻子解释：“我们每年的收入已经成了一个定数，何苦与这么多人挤在一起竞争，我希望开发新的市场。这里到处都是废弃的旧铜旧铝，我想做废旧有色金属收购生意。”马文成说服了妻子。

不久，马文成果断地从水果市场退了出来。他每天组织人力四处收购废旧有色金属，晚上再集中装运，仅用几个月时间就挣到了100万元。

2006年9月，马文成创办了公司，开始了在对外经贸领域的新一轮搏击。

违事之常理：人人都放弃，他偏要坚持。

商海风云莫测。2006年10月，俄罗斯调整了对中国的经济贸易政策：禁止向中国出口废旧有色金属。在这样的政策下，大批的中国商人开始撤回到国内，但马文成还在俄罗斯坚持。很多人都嘲笑他：“反应这么迟钝，一看就不是做买卖的料。”而此时，中俄有色金属市场发生了巨大的变化：在俄罗斯，有色金属价格大跌；而在中国，有色金属价格暴涨。他仔细研究了俄罗斯当局颁布的禁运令发现，虽然俄罗斯规定不准向中国出口废旧有色金属，但并没有规定不能出口加工成型的产品。如果在俄罗斯建造一个熔炉，进行废旧有色金属原材料粗加工，岂不是稳赚不赔的生意？

马文成决定砌炉炼铜。几经周折，他在河北聘请到砌炉工，回到俄罗斯后不分日夜冶炼出了第一车铜锭。由于没有任何人与他竞争，马文成的铜锭成了抢手货，客商们为了抢到铜锭，竞相提价，价格被抬高了几倍。他的财富成倍增长。

现在，马文成的业务已从废旧金属买卖扩展到山野菜生产加工、石材加工等多个领域。马文成正式踏入了亿万富翁的行列。

不言而喻，一个人具有足够的勇气，才能破釜沉舟，也才能令精明人刮目相看，从而赢得更多的合作机会。

勇敢就是突破自我，超越自我，不怕挫折，敢于胜利。与精明人做生意，在关键时刻，要敢于拿出一往无前和置于死地而后生的勇气，才能摆脱困境，获得成功。

第七章

谈判桌前的较量：与精明人巧妙过招

在一定程度上，谈判就是较量或竞争，并通过竞争实现合作。与精明人做生意，谈判几乎是稀松平常的事情。那么，怎样才能在谈判桌上赢得主动？或据理力争，或严密防御，或勇猛进攻，最终达成双方可以接受的理想结果。确实，谈判是有章法可循的，同时也是诡谲多变和出人意料的。只有既遵循常理，又迭出妙招，才能笑到最后。

环环相扣，步步为“赢”

生意上的谈判通常是一个持续进行的“系统工程”，从谈判的前期准备到开始谈判，再到谈判推进及其结束，每个环节都应该有相应的准备或对策。尤其是与精明人的谈判更需要精心准备和策划，如此才能做到环环相扣和步步为“赢”。

李玮是广州著名的红酒经销商，近期他准备代理一款新上市的红酒，但是鉴于市场的操作，李玮想向精明的厂家经理多争取一些优惠。以前也曾有几家经销商和这个厂家经理打过交道，但是没见过哪家经销商能争取到优惠。这对李玮来说难度很大，但他决定尝试一下。在谈判之前，李玮做了充分细致的准备和策划，经过深思熟虑，他制定出了以下六个紧密相关的谈判步骤。

步骤一：谈判未到，方案先行。

跟厂家经理约好7月初谈合作，从5月中旬开始，李玮就专门抽出两个业务员进行市场调查，包括该红酒的市场容量、城市消费水平、价位空间等。李玮向业务员交代，要重点关注同类竞争产品的情况，看看市场上有多少同类产品在竞争，都是什么品牌，其代理商在广州是如何操作的，这种操作包括如何做促销、如何与分销商合作、如何制定利润空间等。

一个月以后，李玮将业务员调查出来的材料进行了汇总，并根据自己走访了解的情况做了一份报告。该报告将厂家产品与竞争对手做了详细对比，然后根据广州市场的实际情况做了一份市场操作建议，内容详细到产品进酒庄的货架摆放、费用、促销方式、价位，以及针对分销商的订货方式、配送细则、利润空间等。材料做好以后，李玮多准备了几份，准备在谈判时拿给厂家经理看。

商场如战场。兵家说：不打无准备之仗。与精明人进行生意谈判需要将工作做在谈判前面，也就是做好谈判前的市场调研工作，重点是针对竞争对手的调研，并做好与自己代理产品对应品项的价格及促销力度对比，从而提出合理化的市场操作建议，将详细的数据呈现在精明的厂家经理面前，正所谓"功夫在诗外"。

步骤二：终端造势，彰显实力。

材料做好以后，李玮转过头开始安排终端的任务。他对自己酒庄的货架终端重新开始了部署，要求展示柜整洁漂亮、有层次，在自己以往要求的基础上，增加红酒文化气氛，增加促销方式，并增派促销员负责促销引导。

在李玮看来，厂家考察一个经销商不能全凭嘴说，还得看真本事，这个真本事不光包括开发市场的策略和思路，还包括现有产品的操作情况。让厂家了解这个情况最好的办法就是带他们到酒庄来看看，尽管这个方式有点像表面工夫，但是必不可少，这也是厂家了解经销商操作能力的最直接途径。

知彼知己，才能百战不殆。在谈判前，做足零售终端的文章，从货架管理到促销引导上下足工夫，争取在谈判前，将相关厂家谈判人员带到现场参观，让他们感受一下公司运作终端市场的能力。这样，就能够直接向对方充分展现自己的实力和水平，进而取得对方的认可和信赖。

步骤三：邀请帮手，旁敲侧击。

谈判这天到了，按照先前计划，李玮先向厂家经理递交了市场分析和计划书。对方看到这份计划如此细致，马上对李玮好感大增，看得频频点头。随后李玮又带厂家经理去参观了自己的酒庄，随行的还有几个与李玮合作较好的其他红酒厂家的业务员。

看到李玮那整洁、漂亮的酒庄，厂家经理立刻被吸引了，这时，李玮旁边的几个厂家业务员在旁边介绍李玮市场操作中的一些亮点，包括以前成功的案例，如何果断出击抢得市场份额、如何搞促销击退竞争对手、如何通过合理部署战略为厂家和自己赢得利益等。厂家经理看似无意，但听得很认真。

业务员甲说："您跟李总合作真是选对了，我们跟李总也合作四年了，关系非常好。因为李总做市场很细，什么事情都考虑得很周到，省了我们很大工夫。另外，他的实力在广东绝对数一数二，市场操作的经验也很丰富，经常用一些新的方式来做市场，总有出其不意的效果。"

业务员乙笑着对李玮说："李总，做了别人的产品，可别把我们冷落掉啊，你可是我们的主力军。"然后他转头对厂家经理说："让李总做您的产品绝对放心，您就放手让他做吧，绝对让您满意。最好多给点政策什么的，我看李总最想要的就是这个，是吧，李总?"

大家笑了起来。李玮爽朗地说："这得看咱们厂家经理的意思了，你让我赚十万我做，让我赚一千我也做，关键是真的想要把市场做好。小细节咱回去谈好不好?"

善于借力是谈判取得成功的一项重要策略。即谈判时，可以刻意安排与公司合作较好的其他厂家业务人员，让其帮腔，通过他的嘴巴把你的意愿巧妙地表达出来。一般主要是让他们谈你们曾经运用过的操作办法和形式，取得了怎样的成果，变相向精明的谈判对方索要市场政策或其他优惠条件，从而达到自己的目的。

步骤四：多人参与，角色分工。

回到公司以后，李玮先带厂家经理参观了自己的公司。井井有条的分工让厂家经理好感又增加了一分，随后双方进入会议室进行实质性的谈判，李玮把自己的副总和自己的业务经理都招呼了过来。

双方一落座，气势就明显有高下之分。李玮非常清楚这一点，在双方谈判中，人数的多寡是很重要的，有时候一方多坐一个人，天平的平衡就会被打破，更何况是在自己公司，李玮当然更不客气了。对方只有三个人，而自己一方却有四个人，李玮觉得，谈判首先就是要在气势上给对方以压力。

一阵寒暄以后，进入正题。李玮的副总首先对自己公司做了介绍，从

公司的市场操作理念开始，自身的渠道优势，到高素质的团队、强大的终端掌控能力等，通过这一番充分的表达，首先让对方对自己的情况有了全面的认识，另外，副总这段沉稳中充满自信的介绍也立刻为自己增添了砝码。

李玮满意地点了点头。厂家经理这边也很满意，直接进入关键环节，谈到了厂家的优惠政策，问李玮这边有什么要求。

毫无疑问，明确分工，密切配合，形成必要的气势来“镇住”对方，可以使自己在谈判中占据优势和主动地位。加上充分表达自己，将自己的市场操作理念、自身的渠道优势、高素质的团队、强大的终端掌控能力在谈判前显现在谈判的对方面前，就更能让对方信服和愿意与自己进行生意合作。

步骤五：亦张亦弛，善于妥协。

看到李玮冲自己点点头，副总开始谈公司的要求，他从那份入市方案谈起，问厂家经理对方案和调查报告的看法。厂家经理表示很满意。然后副总开门见山地说：“按照公司的调查分析，在市场进入初期必须要有一个高调的开场，通过促销、广告与终端的配合，快速进入。”同时，副总拿出一份竞争对手的市场报告，递给厂家经理说：“鉴于竞争对手的状况，我们公司希望咱们的优惠方向要更有针对性，不该花钱的地方我们希望给您们省下来，但是有些地方是竞争容易忽略的，我们希望在这方面咱们能抓住机会。”

随后，副总又拿出一份拟好的优惠要求方案，递给对方。说实话，李玮心里也明白，这份方案提的要求不低，但是，以李玮对该厂家的了解来看，这份要求也不算狮子大开口，完全属于可以商酌的标准。这从厂家经理的表情就能看出来，他非常认真地看完方案，沉思了片刻，不经意间露出一丝苦笑，然后说：“李总，你这个要求稍微有点高啊。”

李玮笑了笑，不急不徐地说：“这不才需要咱商量商量嘛。没关系，您那边觉得哪些不好接受的咱就修改修改，什么产品都不是一口价嘛，要不顾客都吓跑了，谁买咱的产品？”

李玮的几句玩笑话让气氛缓和了很多。厂家经理神情放松了下来，开始就每一个优惠与副总探讨起来。这位副总一看就是个严谨的人，对每一个优惠方案都有数据佐证，并且言辞确凿，轻易不肯退让。每当谈判进入胶着状态，李玮就出面调节，他一会儿坐到厂家经理一方，一会儿又坐到自己一方，偶尔拍着谈判双方的肩膀开着玩笑，对于一些争执比较厉害的问题就主动要求副总进行部分退让。当然，李玮也明白，这些让步也是在自己能接受的范围之内。

谈判比较细致，一直到中午都没结束。双方决定中午吃完饭继续谈。

在生意谈判中，红白脸搭配往往可以收到理想的效果，也就是要了解谈判对方的底线。公司要有两人或多人参与谈判，做好角色分工，一人唱红脸，主要负责索要市场费用支持和政策（尺度尽可能要大些），另一人唱白脸，负责调节现场气氛，缓和局面，如谈判出现胶着状态时，适当地进行策略性的让步，避免使谈判陷入僵局。这一策略对于与精明人谈判更是有必要。

步骤六：搞活气氛，拉近距离。

中午吃饭安排在一个档次很高的酒店，李玮特地安排了几个善于表达的漂亮职员来陪同，酒桌的气氛马上变得轻松起来。大家抛开上午激烈的谈判，一会儿就进入了状态，李玮又是个善于搞活气氛的人，酒局刚过半，便立刻称兄道弟，热闹起来。

厂家经理对李玮的饭局安排很满意，高兴地说自己真感觉像个贵宾一样。但是高兴的事还不止这一个，饭局临近结束的时候，李玮又让厂家经理兴奋了一把。他提前给大家买好了几份礼物，让服务员送了过来，礼物不是很贵重，但是很有品位，也很符合对方的身份。厂家经理喜笑颜开，连声说：“太客气了，太客气了。”

下午继续谈判的时候，气氛明显和上午不同。李玮的副总不再分毫必争，而厂家经理也适当放宽了自己的底线，不出一个小时，条款就商讨成功了。李玮要到了预期的优惠政策，而厂家经理也很满意。合作从第二天便开始了。

俗话说：生意都是在酒桌上谈成的。酒桌气氛或饭局安排颇有讲究，一般来说，较高规格的接待工作，良好的吃饭环境和酒席氛围，以及必要的小礼品和适度的娱乐活动安排，会让谈判朝着你想要的方向前行。精明人对这些同样偏好有加！

《孙子兵法》说："夫未战妙算胜者，得算多也；未战而妙算不胜者，得算少也。多算胜，少算不胜，而况于无算乎。"与精明人进行生意谈判，就要"多算"一些，事先以及谈判进程中都要处处留心，准确把握力度和节奏，争取做到细致周密，精巧布局，稳打稳"赢"。

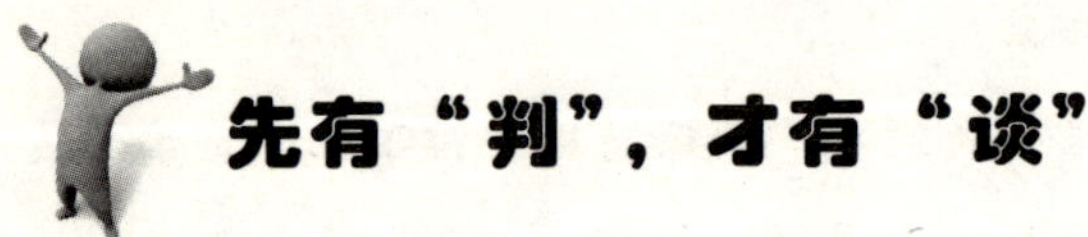

先有"判"，才有"谈"

谈判谈判，其实在"谈"之前先有"判"。道理很明显，任何谈判在开始之前，双方都先对彼此有一个初步或者深入的了解和判断。而哪一方了解和判断得更准确到位，哪一方就更有胜算。与精明人谈判更需要对其各方面的情况事先进行缜密判断。

下面我们来看当当网联合总裁李国庆先生对他自己与精明的股东们展开一场艰难谈判的自述。

我记忆最深的一次谈判是跟我的股东们博弈。

当当网在成立后，企业给我和俞渝的 bond share 太少——我和俞渝及其创业团队通过北京科文经贸总公司共持有当当网 41% 的股份。名义上是我和俞渝控制公司，占了公司的绝对控股，但实际上，除了团队和我们用现金出资所得的部分外，我俩 bond share 的实际比例仅有 12% 。但身处创业期，我们并没有觉得这有什么不对，更没有影响到创业的热情。只是一直在口头上强调，企业对我们的估值是低估的。而当时，各投资方也一再表示“可以谈”，可始终没有结论。

2002 年，当当网面临第二次融资，我向董事会及各个股东明确表示，这个事情不能再拖了，要有个定论。如果再拖，对个人不好——不能保证我和俞渝的利益，对当当也不好——股权不明确妨碍新一轮融资。

有股东提议，先调查一下业界的平均水平与真实状况。调查结果显示：当时中国 IT 企业的创始人、管理层的股份分配比例都很高。有的公司创始人，不出钱都可以占到 65% 。

从 1999 年开始，中国大量互联网公司兴起，到了 2002 年，很多公司已经把第一轮融到的 2000 万美元都烧光了。但当时的当当网，不仅第一轮融到的 680 万美元没有用完，自身业务也开始赢利。抱着这么好的业绩，再加上调查数字的支持，我对自己的要求信心十足。我当时觉得，即便算是对好业绩的奖励，董事会也该给我们增加股份。我当时的目标是让老股东稀释百分之十几给我们。

然而，事情并不像我们想的那么简单。有的股东说：“这不是成土改了吗？我们投了这么多公司，如果都像你们，全部清算一遍，我们还怎么干？”

有投资人提出一个方案，与未来挂钩：未来三年，如果管理团队做到什么样的业绩，可以按照我们的想法稀释。对这个方案，俞渝坚决不同意，她认为未来的成绩是未来的事情，不能把历史问题和未来混淆在一起。至此，谈判陷入了僵局，投资人开始搪塞、回避，就怕见了面，我开口提股权的事情。

僵持了一段时间后，我单独跟一个股东沟通。我跟他说：股东们的态度让我的积极性很受打击，干脆，我辞职。我给你们六个月时间，找人接替我。不过我提醒你们，我跟公司并没有同业禁止合同，因为你们对我也没有任何保护。我辞职以后，可以再办一个“叮叮网”。我之前也是办过企业的，有很多企业界、投资界的朋友。对我来讲，找到投资重新办一个电子商务公司并不难。

之后按照这个意思，我给全体股东发了辞职信。在信中我表示：虽然创办一个新的网上零售公司的路途很曲折，但我相信用三年时间追上当当网是完全能做到的。我也预祝当当网有良好的未来——因为我还是当当网最大的股东。

发信前我没有和俞渝商量，因为俞渝是那种表面坚定内心不坚定的人，而我是表面和缓内心却非常坚定。我想通过这封信向股东显示我的决心，也阻断他们通过俞渝做我工作的想法。当时，情况真的到了山穷水尽的局面，老股东不愿退步，我也做好了另起炉灶的心理准备。

也许是辞职信的作用，终于，事情有了转机。最顽固的一个股东松了口：“过去的事情很难找回，要想实现愿望，只有找到新的投资人。新投资人可以给公司重新估值，估值中，有多少是你们的，给你们多少股权，是新投资人的自由。同时，老股东可以缩小比例变现，不让你被过分稀释。”他的这个说法符合美国商界的规矩——新投资人是利益既得者，怎么说怎么算。

至此，跟老股东谈判的阶段结束。最终的结果反而简单，就是买卖、自由交易，跟老股东不涉及转让、奖励什么的。

接着，新的投资人——老虎基金出现了。谈判进入第二阶段。

当时俞渝跟我说，谈判时，你别跟老虎基金提我们跟老股东之间的纠纷。如果暴露矛盾，谁还敢投资？

但我并不这么想。和老虎基金谈好估值后，我特别把他们留住说：有一件事，我必须告诉你们，我们的管理团队已经没有信心了，这样下去我要辞职……

事后，俞渝抱怨我把这事说出来。我说，他们肯定会投的。因为老虎基金是对冲基金，他已经投资了卓越网——当时的行业第二，如果不投资老大，一旦卓越被当当挤垮，他的收益没办法保证。这就是对冲基金的赚钱方法，行业前两家都投，有一家赚钱他们就不亏，另一家则是干赚的。

其次，老虎基金是犹太人办的，犹太人愿意劝架，况且劝这个架还有利可图——至少可以压压价。

结果证明我的推测完全是对的，老虎基金给老股东发出了通牒：我们投的就是团队，如果团队都没积极性，那我们干吗还要投资？

在电话会议上，老虎基金明确表示，老股东必须变现一部分现金。你们安全后，我们愿意用这个估值，给李国庆和俞渝补偿不平衡。能满足这个条件就投，不同意就不要谈了。三分钟，他们就把电话挂了。

迫于老虎基金的这种强势，也考虑到一些实际问题——如果我辞职，可能连经理人都找不着，于是，老股东们接受了老虎基金的条件。

对于这一次非同寻常的曲折谈判，从争取股权到发辞职信，再到后来的老虎基金，有人说，李国庆是搞“人体炸弹”，同归于尽；也有人说，李国庆是胡闹。但其实，李国庆并不是蛮干。他当时的认识很清晰。人们总说谈判、谈判，而事实是应该先有“判”才有“谈”。只有判明各方所处态势、关系，再针对关节处下手，复杂问题才能迎刃而解。在这次的谈判中，正因为李国庆正确判断了与股东的关系、与投资方的关系，甚至正确判断了自己——完全可以东山再起，才会最终取得比较满意的结果。

与精明人做生意总是离不开谈判。谈判就必然涉及对谈判双方的实力强弱、优劣特点、利益分配等方面的情况进行分析估测。只有判断准确清晰，我们才能攻防得当，敢于出招，击中要害，达成预定的目标。

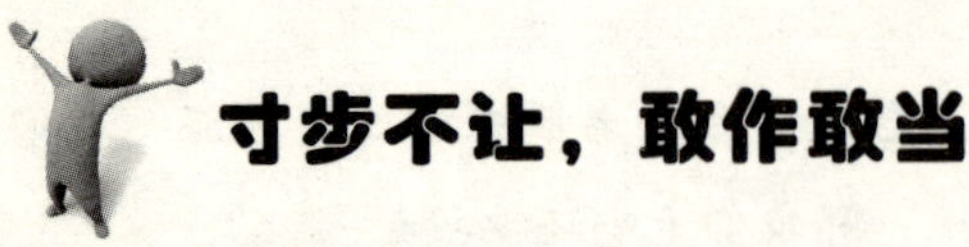

寸步不让，敢作敢当

归根结底，生意谈判就是利益的交换。而精明人对利益的认识和估算比一般人更为细致精到，因此与他们谈判更需要用心和费一番思量。只有对精明人的意图有足够的把握并做综合研判之后，并在必要时敢于坚持原则和直面挑战，该坚持的坚决寸步不让，最大限度维护自身利益，同时勇于担当、镇服对方，从而才能取得谈判成功即实现合作。

可以说，数年前志高控股董事局主席李兴浩先生与韩国现代集团陈炳哲部长的一场谈判，最生动形象地体现了生意谈判中利益交换或博弈的现实性与尖锐性。对于这一次谈判，我们看看李兴浩先生是如何述说的。

我是个最不喜欢麻烦的人，可是，2002 年，与韩国现代集团的那场谈判，却大费周折。

那一次，为进入商用空调市场，现代集团希望和一家中国的空调专业企业合作，成立合资公司。之前，现代集团已经对中国空调行业做了整体摸底，看中了志高重视质量和稳健发展两点，所以很重视这次合作。于是，由现代集团综合商事株式会社电子部最为精明强干的陈炳哲部长带队，来广东南海谈判。

谈判的第一个问题也是最核心的大原则，就是控制权的问题。当时韩方提出要做合资公司的大股东。我其实是不愿意的，但并没有直接回绝。

我表示，既然双方有意成立合资公司，那么目的就是共同的——赚钱、成功才是双方共同追求的事情。不管是大股东还是小股东，把合资公司做好才是最重要的事情，现代集团占大股不是不可以，但是做亏钱的大股东是没有意义的。

这一点，韩方表示认可。陈炳哲退而求其次，找出一个非商业的借口：作为韩国当时的第一大企业，跟志高这样的小公司合作，如果做不了

大股东，会没有面子。我则反击说：其实，把合资公司做成功才是最有面子的。

接着，韩方进一步试探，表示如果可以成为合资公司大股东，韩国政府对这个项目会有一定补贴。这个理由我更不能接受。补贴是韩国政府给现代的，志高一分钱也拿不到，没有理由为了让现代得到补贴，要志高牺牲利益。

此时，我表明了我的最高原则，合作应该建立在公平的基础上，谁出的钱多，谁就应该是大股东；哪个人才优秀，就应该哪个做总经理。

于是，谈判进入第二阶段，双方开始真金白银地出价。没想到，现代集团上来就要用自己的“现代”品牌入股。陈炳哲说，现代的品牌值很多钱，韩方自然要占大股。

见对方抬出了品牌，我也把志高的品牌抬了出来：我承认现代是大品牌，但那是在汽车制造领域。在空调制造业，我的产量比你大几十倍，质量、经验、市场，都是现代没办法比的，所以，志高的专业品牌应该更值钱。

到了这个时候，我基本明白，韩方是不想出钱的。于是，针对这一点，我明确提出，韩方出多少钱入股，我都会出更多，就是要成为大股东。

表明了誓当大股东的态度后，我进一步给韩方施压，提出了一个特别思路：合资公司应确保小股东的利益，无论公司盈亏，小股东应该旱涝保收，而大股东则要承担更多义务，赚了要按比例分，亏了则要独自负担。

韩方一听，根本不能接受，说哪有这样的道理。我却笑着说：合作嘛，就是双方谈来谈去。别人的道理是别人的，我们的合作，只要我们双方愿意，就行。并拍了拍胸脯说：我就敢签这样的协议，我做大股东，保证现代的利益，亏本算我的。

其实，提出这个条件，我是有把握的，毕竟，志高当时已经在中国空调市场打拼了好几年，把握企业盈亏的能力还是有的。而韩方初来乍到，原本是门外汉，一心想借志高打入空调领域，算是两眼一抹黑，自然不敢有此承诺。

对股权没办法，韩方只好转而确保控制总经理人选。我说，总经理也不要选，干脆双方比赛。大家各出一个人，谁专业、谁优秀、谁有把握做好合资公司，谁就当总经理。中方是我当参赛代表，你们派人吧。

此言一出，韩方彻底傻眼。最终，双方达成协议，韩方出品牌——现代品牌在华商标使用权、出关系资源，占合资公司40%的股份。不久，合资公司顺利推出了现代空调。

不要看这次谈判的过程曲折，实际上，从开始接触到最后签字开发布会，前后只有15天时间，我只和对方的高层见过两次面。大家第三次坐在一起，就已经是发布会了。

15天的谈判成就了一家运转良好的空调制造企业。总结起来，李兴浩认为，谈判首要的还是要认清自己、认清形势。其次，谈判、合作并不是铁板一块，很多最终达成的条件并不是最初设想的，该让步的地方要让步，但是不该让步的地方一定不能让步，要坚持原则。所以，做任何事情，都不能小看自己，并且要敢作敢当。唯有如此，才能维护自身应有的利益，也才能让精明的对方无空可钻。

与强势的精明人进行生意谈判，要冷静分析并看清对方的意图及其强项与弱项所在。在谈判中不惧怕对方的威吓，要透过表面来抓住本质，该妥协的妥协，该坚持的一定要守住，如此才能维护自身最大的利益，也才能赢得对方的尊重且达成合作。

执著与真诚创奇迹

有一句话说：态度决定一切。在生意谈判中，有时态度也能决定一切。通过人的语言或行为而体现出来的态度确实有不可思议的巨大力量。与精明人进行谈判，你的态度也同样极具魔力，也就是说，执著与真诚的态度可以创造奇迹。

记得多年前，新丝路模特机构董事长李小白先生向记者讲述了他自己的一次艰苦而离奇的生意谈判。那次谈判他是与“蒙妮莎”精明的首席设计师赵伟国先生谈的，完全可以说，正是他的执著与真诚深深打动了赵伟国先生而赢得生意的合作机会。对于这次谈判，李小白先生如是说——

我人生中最重要也最曲折的一次谈判，是我为新丝路接手的首笔订单，当时，新丝路正处于史上最低谷。

新丝路的前身是以“纺织部国家队”身份成立的中国服装表演艺术团。1998年夏，新丝路的一位创始人和一个顶梁柱另起炉灶，近10个业务骨干也跟着一起离开。

作为中国服装股份有限公司副总裁，并兼任新丝路总经理的我，一下子被推到了“台前”。正式接手新丝路后我才发现，当时的新丝路简直是一个烂摊子，举办完一次大型活动，公司只剩下6000元，但还要补税十几万元。

那一年的中国服装周上，新丝路一个订单也没接到。为了打开局面，我找到了当时北京十大女装品牌之一的“蒙妮莎”总经理曹敏求救。碍于情面，她答应给新丝路一些演出订单。但此前，“蒙妮莎”的首席设计师赵伟国一向非常“精明”，他已经明确拒绝过与新丝路合作，要拿到新丝路“地震”后的第一个项目合同，必须拿着曹敏的上方宝剑打通赵伟国这一关。

当时，我与正在沈阳开会的赵伟国约好，他来北京，我去机场接他后面谈。不料北京连下两天大雪，飞机无法正常降落。结果，见面改在上海。等我连夜赶到上海，赵伟国却已在杭州主持一个会议。

我当即决定穷追不舍，向上海朋友借了一辆车，连夜赶往杭州。偏巧，杭州下大雾，能见度很低，路况非常不好。而且“祸不单行”，车又在半路抛锚，没办法，我只得裹紧大衣，顶着刺骨的夜风推车。当时我想：“我何苦要来遭这个罪呢？追了人家三天还没见到，即便见到了，也不知谈成什么样。”

无论是在纺织部办公厅还是在中服集团，好歹我也是局级干部，原来都是“别人求我”，现在变成了“我求别人”，命运为什么让我走上了这条路？这条路走得对吗？

千辛万苦追客户的这一路上，我完成了心态的蜕变。接手新丝路是组织上的安排，学工科出身的我，当初对模特业务没兴趣，甚至还有些反感。但既然接下了这个艰巨的任务，该受的罪就得受，不能临阵脱逃。

到达赵伟国入住的宾馆已是凌晨3点。见到赵伟国，我的第一句就是：“请你相信我。”疲倦、焦虑、期盼的眼神加上冻得发红的鼻子、粘了泥水的裤管，估计我当时的样子把赵伟国感动了，他说没想到这么一个小项目还真让我亲自追着跑了2000千米。

如今看来，接下来发生的甚至不像一场谈判，我第一次做乙方显然并不专业：我没有带模特资料、没有带编导方案、更没有制作计划书，只有一些初步的想法，我甚至没有底线，只要他愿意把活交给我们做就行。那次的发布会，真的不是什么大单子，但意义重大。我需要借此告诉业界，新丝路没有完，还可以继续生存。

也许是三天的追赶让赵伟国对我另眼相看，他回到北京和我们的编导沟通了一下，就确定了发布会可以交给新丝路了。

谈判桌上有句话叫“上赶的买卖成不了”，何况这次谈判是我方处于弱势。在那种情况下，我只有靠执著与真诚。

人心都是肉长的，精明人也有情感。作为生意谈判桌上的一方，如果我们真有诚意，并通过执著的态度和行为充分体现出来，同时使精明的对方直接感受得到并感动在心，那么谈判就已经成功了一半。若再加上其他方面也做得比较到位，那谈判的成功便非你莫属了。

以诚动人，执著就是力量。哪怕与追求利益至上、几乎不讲情面的精明人进行生意谈判，真诚与执著的态度同样能够产生令对方难以抵挡的巨大威力。在此前提下，要用行动来说话，努力用绩效来证明一切，那么成功就会向你招手。

创造无可替代的优势

在当今市场经济时代，做生意就必然有竞争。因此，在生意谈判中也难免有你抢我夺的激烈竞争。那么，当我们处于弱势地位时，如何才能在强手如林的谈判竞争中另辟蹊径而拔得头筹呢？首先就是面对现实，认清自己；其次，了解竞争对手的特点和客户的需求；最后，有效找到自己和竞争对手的差异，并结合实际，全力以赴采取最可行且独特的方式满足客户的最大需求。这就是在竞争中以弱胜强的重要秘诀，也正是精明的客户青睐我们的关键所在。

在此，我们来看看几年前大头无线董事长兼 CEO 王秦岱先生如何施展浑身解数，打造自己公司无可替代的优势，在几乎难以企及的强大竞争对手中赢得精明的中国联通高层的垂爱。对于这一次谈判，王秦岱先生一直感慨不已，并总是乐于给别人娓娓道来。

离开亚信的 2000 年上半年，我和几个创业伙伴判断，无线互联网将有广阔的市场空间，于是组队进入华友斯达康（原 UT 斯达康的一部分）并实现 MBO，也就是后来的华友世纪。

创业半年后，我们遇到了第一次大的挑战——一场与中国联通的谈判。

当时，中国通信业正面临产业链转型升级，需要一个移动增值互联网软件平台。掌控平台，对每一家电信级解决方案供应商的意义都非同寻常。

当时，包括惠普、IBM、摩托罗拉、朗讯科技、华为、中兴、东软等国内外通信巨头，一共有 11 家公司参与竞争，我们是最小的。

让我们备感压力的是，大公司都是请国外实验室的专家来演讲，而我们创业团队中的骨干虽多半来自 AT&T、朗讯科技、北电网络和思科等全球知名通信公司，但是过去代表公司与运营商打交道的感受和经历，与创业时有巨大落差。

"你们是谁，来自哪里?"我们经常面对这种质疑。

我记得，为了这个项目，公司几乎所有的员工日夜备战，仅仅是期望在首轮能给联通留下一个好印象。但是，当我们 6 个骨干围绕"我们能做什么、能带来哪些好处"向中国联通总工（当时移动数据业务的负责人）满怀信心地展示 PPT，并详细介绍完方案之后，精明的对方说了一句话："这样的方案，很多公司都跟我们介绍过，我们觉得没有什么大的不同，我们兴趣不大。"

一下子，我们 6 个人都有点蒙。大概停顿了 4 秒钟，我马上对总工说：我认为有 5 点不同。第一，这套系统曾经在北美做过类似的案子，我们的总工和团队有更成熟的经验；第二，我们做了本地的汉化，大公司很少有这种精力、时间和专注度……

听完后，总工和缓了一些说："哦，那可能你们是比较有特点，我们考虑考虑吧。"合作之门好不容易打开了。

在谈判的下一个环节，对方的反馈是：我们是电信级的服务，一般不使用中小公司的服务，本着对消费者负责的态度，都是和成熟的大公司合作的。对于这个理由，我们无法反驳。

但是我们当时判断，光用不屈不挠的诚意打动联通是不够的，要想实现“做项目的最高境界”，仅仅通过面对面的阐述与推荐产品和方案价值的“议标”已不大现实，因为口说无凭，一切都是纸上谈兵。

根据核心团队拥有的在全球大型电信级企业的工作经验，我们分析，如果跟我们竞争的大公司想要承接此项目，必须经过复杂的审批流程，有时候一个大项目从中国至亚太，再到美国或欧洲的研发部折腾一圈，可能要历时半年多。而现在，联通需要的是快速响应，是马上做出一个实用的系统来检验。

经过反复商榷，我们认定，只有打时间差，集中精力做一套系统来竞标，才是我们的杀手锏。于是，我们向联通提出，给所有竞标者三个月，各自免费做一套系统，看谁的系统能提供真正优质的服务。联通对此表示响应。

接下来，便是更加辛苦的日夜奋战，3 个月内，大部分国外巨头渐渐退出，因为不符合他们的流程，哪个职业经理人也担不起先投入的责任。3 个月之后，只有两家公司留在竞争队伍中。而后，又是一轮较量，联通让我们两家各自用 5 万用户测试系统。直到那年的农历大年二十九，收到反馈称，联通对我们的系统测试效果比较满意，让我们留下来继续服务。

至此，我们最终赢得这单生意。

我们后来总结，对于创业公司而言，最关键的还是要准确定位，要知己知彼，在谈判过程中让对方觉得，你的优势是被需要且无可替代的。

通过以上事例，可以看出：要在近乎白热化的市场竞争中胜出，即赢得精明客户的首选，就必须善于创造自己独特的优势，想尽一切办法以最有效可行的方式满足客户的急切需求，进而使竞争对手望尘莫及，如此才能在“以实力说话”的谈判中占据主动位置，并受到客户的热切追捧和顺利实现生意上的精诚合作。

任何事情都是辩证和相对的。与精明的对手进行业务竞争时，要充分认识到强中有弱，弱中有强，强弱在一定条件下可以相互转化。因此面对强劲的对手，不要畏缩，而要设法找到对方强项中的弱项，然后针对他们的弱项全面且灵活发挥自己的强项，那么自己在谈判中获得成功的筹码就会大大增加。

以强制强，进退自如

当精明的谈判对手占有明显优势时，他们通常会凭借自身优势而不轻易让步。因此，我们可以考虑在强大的谈判对手之间制造竞争，以使得他们相互牵制，自行杀价。这一办法在多数情况下都是明智和可行的。

所谓制造竞争是指买方根据两个或两个以上的卖方向自己作商品介绍或服务的情况下，有意识地使他们之间相互竞争，竞相压价，从而了解到最优惠的价格（最小极限值），取得主动权。例如，我国云南一卷烟厂在美国和法国的两家香烟装配线供应商之间就采取了这一谈判策略。

云南一卷烟厂准备引进一条香烟装配线。该厂人员到美国考察，认为美国的装配线和技术都堪称世界一流，只是价格太高。但是，他们还是准备同美方进行谈判，看看能否在价格上优惠。

谈判开始时，美方口气强硬，把他们的产品吹得天花乱坠，给人一种咄咄逼人的感受，并且价格超过了中方所掌握的外汇底盘170多万美元。中方与他们恳谈了三次，美方也照样气势逼人，不肯压价。

云南的这家卷烟厂经过深思熟虑，认真准备，决定杀一杀美方的威风，并且探探他们的虚实。

中方把美方搁置一边，另组团去法国考察。他们了解到，法国的装配线在质量和性能方面都略逊于美方，报价也不低，但为击败对手，他们还是向法方发出谈判邀请，并把法方人员安排在美方人员下榻的旅馆。美方知道竞争对手来了，开始心慌，主动邀请中方人员谈判，说可以适当降低价格。

中方主谈人员在谈判桌上说："关于香烟装配线，我们又专门考察了法国的同类产品，他们的产品质量、性能都很好，但价格却比贵公司低得多，这对我们很有吸引力。我们准备与他们进一步接触。不过，考虑到中美两国人民的感情，如果贵国的价格适中，我们会首先考虑贵国的。"这番话分寸掌握得极好，使美方回味无穷。这里面有两层含义：法国的同类产品价廉物美，很有吸引力；另外，仍然可以优先考虑美国，但必须价格适中。这样就使中方游刃有余，从而迫使美方去同法方竞争。当然，这其中也有一定的风险，一旦美国吃准了不让步，中方就很难再回头与之谈判了。不过，中方也做了两手准备，包括万一美方不降价该如何应对。因此，美方的这一轮谈判一结束，中方即开始了与法方的谈判。中方代表深深懂得，降低对谈判的依赖程度，是对付胃口过大的谈判对手最有效的方法。

中方与法方谈判时，同样运用了这种方法。谈判桌上中方代表说："诸位先生想必已经知道，在你们来到中国后，你们的竞争对手也来到了，正在推销与贵国相同的产品。他们的装配线不仅质量性能优于贵公司，而且报价比贵公司低20%，我想有必要告诉贵公司这些情况。"中方代表的这番话已说明，如果法方不降价，谈判有可能就此结束。而法方不远千里而来，岂肯就这样轻易认输？

中方代表制造了竞争，用美方压法方，又用法方压美方，以争取获得最小极限报价。

事隔一天，美方主动找上门来谈判，最后谈判成功，美方的价格比原来的报价降低了300万美元。

在生意谈判中，经常会遇到精明的对手处于强势的情形。每当此时，面对他们咄咄逼人的态势，如果单凭自己的力量难以改变不利境况，就要设法"以强制强，借力打力"，以使自己尽快摆脱困境而进退自如，并最终获得谈判的成功。

顺势借力争取主动，是在谈判中处于弱势的一方可以使用的策略之一。毕竟，同行是冤家。强者的同行之间也是冤家，因此这些强者之间就必定存在矛盾与竞争，这就为暂时处于弱势的一方提供了可以利用的可能性。即当作为强者的谈判对手"恃强凌弱"时，作为弱势的一方要懂得转向强者的同行寻求帮助，进而在谈判中增加胜算，并达到预期目标。

掌控时间，掌控"谈判"

俗话说：时间就是金钱。时间何其宝贵，它本身就包含极大的价值。对精明人来说，时间更弥足珍贵。

想想看，精明人为什么要花费时间进行谈判呢？

正是为了取得谈判的成功。如果一开始就根本不想促成谈判或想促成谈判而不得其法，那么再进行谈判无疑是在浪费时间。花费时间进行谈判也是一种投资。对于大多数精明人来说，投资就是想要有所收获，得到相应的回报。在生意谈判中，所花费的时间越多，促成谈判成功的意愿就会越强。以我的亲身经历即可佐证这一点。

从2001年开始，我断断续续在日本的东京居住了两年的时间。当时，我在位于东京都文京区的日本东京大学做企业管理的学术研究。

东京是日本最大的城市，人们的日常生活都离不开汽车。我也常常要去位于大阪和名古屋的日本企业做调研，如果不开车，时间上就很成问题。当我来到东京之后，首先就考虑前往中古车行买一辆二手汽车。在东京涩谷区，分布着许多家车行，漂亮的彩旗迎风飘展，吸引着来往的顾客。

在宽敞的区域内，展示着各种款型的汽车。我最先前往了一家车行，并找到了一部比较中意的汽车。但是，在汽车的前窗处，标着它的要价为35万日元，比我的预算要高出不少。于是，我就找到了经销商，商量一下能不能降些价。

我见到销售商后，一开口就说道：

“25万日元怎么样？”

销售商看了看我，然后说道：“不行啊，真是很抱歉！”然后，就去招呼其他的顾客了。就这样，这桩生意泡汤了。

销售商在我身上几乎没有花费一点儿时间。既然没有花费时间，那么即使失去了我这样的顾客，也不会觉得可惜。他觉得寻找能够给出更高价格的顾客才是明智之举。

既然是这样，我该怎么做呢？

必须让销售商在我身上花费时间，让他们在我身上作出投资。

当意识到这一点之后，我就又前往了隔壁一家车行。那里有一辆白色的三菱汽车，看起来还比较新，我很满意它，它是三菱汽车公司去年的新产品，与丰田公司的卡罗拉属同一档次。

因为在之前的车行直接出价而遭到失败，这次我吸取了教训，并没有一开始就谈起价格方面的事情。

“这部车之前经手几次呀？”

“车的行驶性能如何？”

“没有发生过事故吧？”

……

我抛出一大堆问题，而销售商也一一认真地作答。对于不能立即回答的问题，他还查找了相关的资料。可能是觉得我像位诚心购车的顾客吧。

然后，我又进行了试驾。这位精明的经销商陪在我身旁，我们在车行周围开车跑了一圈。在驾驶室内，我继续提出一些疑问，而销售商也一直努力地为我解答。就这样，大概一个小时快过去时，我才说道："我喜欢这部车，25 万日元怎么样？"

销售商愣了愣，然后答复我说："啊？实在抱歉，您的出价太低了，能再高点吗！"我知道，这辆车的要价也是 35 万日元。

但是，他已经不愿再放弃我这位顾客了。因为他已经在我身上浪费了一个小时的时间了，无论如何也要让我买些东西。这样一来，他觉得宁愿降价让利，也要比与其他顾客从零开始商谈更为合算一些。

最后，我们以 28 万日元的价格成交。这也得益于经销商的心理：既然已经在这个顾客身上花费了很多时间，说什么也要把这部车卖给他。

最聪明的做法是，让精明的谈判对手在自己的身上多花费些时间，这种做法也同样符合公司之间的商务谈判。那么，进行结束性谈判的地点选择在哪里比较好呢？是在你自己公司的会议室呢，还是在对手的公司呢？拿不定主意时，最好的做法是：尽可能让对手来到你的"地盘"。比如，你的公司或你公司附近一带。

当然，如果对方是你的顾客，可能会觉得招呼他们前来有些失礼。总而言之，一定要具体问题具体分析。

特别是进行带有敌对性质的谈判时，一定要尽量招呼谈判对手来到你的"地盘"，让他们花费几个小时的时间前来。而如果是同外国企业进行谈判，对手甚至有可能需要花费几天的时间在路上。当他们来到你公司的会议室的时候，其实已经进行了很大的投资。他们不会甘心空手而归的。

而你呢？你可以在进行谈判前 5 分钟一直处理其他事情，不用对本次的谈判投入太多时间。在这种情况下，谈判开始时，你已经处于优势局面：如果谈判对手的态度过于强硬，你可以立即中断谈判，之后还可以继续去做其他事情；对本次的谈判，可以改日进行。在对手作出对你有利的让步之前，你可以不用急着去结束谈判。

一般来说，谈判场地的不同，某种程度上会影响到谈判开始时双方态度的强硬程度。当你明白这一点之后，就会易于促成对自己有利的谈判。可以说，掌控时间，就能掌控“谈判”。与精明人谈生意，这一招同样实用。

时间是金钱，也是一切活动的成本和代价。与精明人进行生意谈判时，善于掌控时间就能增加主动权，为自己带来更多的谈判优势，同时使对方处于更加被动的地位。因此，对于谈判时间的把握，能直接或间接影响谈判的结果。

不说“不”，要说“是的，如果”

进行谈判时，如果一开始对精明的对手所提供的条件不能满意，便直接说“不”，也许谈判会就此结束。因为对手会认为你是劈头盖脸地对他进行了拒绝。

在相同的情况下，如果附加条件地说“是”的话，谈判就会继续。

当你说出自己的条件时，也许会有“附加这样的条件会不会太厚脸皮了”的担心，但实际上，它与说“不”有同样效果。面对你的条件，如果对手答复“是”的话，自然可以大呼万岁，可这种可能性很小。

但是，通过附加自己的条件，即使对手不会立即答复“是”，也会对附加条件进行答复。这样一来，谈判就会更向成功迈近一步。比如，电脑生产商与顾客间的谈判就是这样进行的。

顾客：“我们想更换营业部的电脑。如果每台5000元的话，我们可以购买50台，共计25万元。”

生产商：“不行。”

这样一来，谈判自然无法继续。但是，对于顾客方面的报价，如果能够附加条件地进行回答，又会怎样呢？

顾客：“我们想更换营业部的电脑。如果每台5000元的话，我们可以购买50台，共计25万元。”

生产商：“好的。不过，除了营业部的50台电脑之外，经理部的25台电脑也请由我们进行更换。营业部每台电脑5000元，共计25万元。经理部的电脑每台8000元，共计20万元。因为经理部的电脑使用了经理专用软件，所以才会贵一些。”

顾客：“呃……经理部的电脑每台7000元，共计17.5万元吧。”

生产商：“好的。营业部的50台电脑每台5000元共计25万元，经理部的25台电脑每台7000元共计17.5万元，成交。”

如上所述，即使是一开始几乎无法达成的交易，如果不是通过双方不断的拒绝，而是通过对对方的报价不断地附加条件的话，交易仍会进行下去。双方也最终能够得到满意的结果。

在这个实例中，对电脑生产商来说，如果营业部的电脑平均每台5000元的话，几乎无利可图。

但是经理部的电脑25台共计17.5万元，平均每台7000元的价格，仍能够确保一定的利润。另外，公司方面，也能够在预算范围之内，实现营业部与经理部电脑的更换。

双方针对对方所提出的难以接受的报价，没有直接说“不”，而是通过不断说“是的，如果……”的方式进行答复。正因为如此，双方才能够最终达到满意的结果。

退一万步说，即使说“是”时，仍要说“是的，如果……”

面对对手一开始便能够接受的报价，也不要急匆匆地点头同意。不要说“是”，而要附加条件、等待答复，以“争取从对手那里获得更多的利益”。任何事情，不试不知道，尝试才会有结果。说不定对手就能够接受你所附加的条件。

在进行谈判时，要随时准备争取最大限度的利益。而且有趣的是，如果你附加条件进行答复，对手反而会更加高兴。

为什么呢？举例说明一下。

在电子产品商店里，顾客想购买一台大型液晶电视。它的标价是10万元。

“我想9万元买下这台液晶电视，怎么样？”

“好的。那就9万元吧。”

在没有进行讨价还价的情况下，便达成了交易。在这种情况下，顾客会觉得：“一开始不说‘9万元买下’的话该多好呀。也许我应该一开始出价7万元。那样的话，8万元肯定能够买下的。”

这样的交易，只会让顾客感到追悔莫及。

对于电子产品商店的人来说，也是同样的。即使顾客的报价可以接受，也应该认为“可以卖出更高的价钱”。作为卖家来说，也同样会后悔不已的。

也就是说，相互之间都对结果不能满意。这样看来，电子产品商店的人不能一开始便接受对手的报价了。

“我想9万元买下这台液晶电视，怎么样？”

“（心里想：不用再抬高价钱了，9万元是个可以接受的价格。不过，尝试着把电视柜也卖给他）好的。如果你能够出价1万元也买下这个电视柜的话，我就考虑9万元把液晶电视卖给你。共计10万元。”

“（心里想：标价10万元的液晶电视可以9万元卖给我，看来我也不能只考虑自己了……）呃……这样吧，连电视柜一起，10万元。”

“那好吧。10万元成交。”

在这个例子中，从卖方的立场上看，不仅把原本可以9万元卖掉的液晶电视卖掉了，还能够以1万元的价格卖掉了电视柜。这是个非常满意的结果。因此，与精明人做生意要记得决不要说“不”，而要说“是的，如果……"

要与精明人进行成功的生意谈判，一刻也离不开对谈判对手心理的揣摩与把握。几乎在所有情况下，每个人都乐意听到别人对自己想法的认同和肯定，因此与精明人谈判时千万不要轻易否定或拒绝对方任何的请求和意愿。而是要转变成另一种表达方式来接受对方的要求，并且巧妙达成自己预期的结果。这就需要我们学会说"是的，如果……"而决不要说"不"。

第八章

签约一刻的智斗：未雨绸缪，消除隐患

签约是进行生意洽谈的最后一道程序，这其中有许多非常值得注意的细节和事项。尤其与精明人签约，更要多加防范。例如，签约即签订合同当事人的主体资格是否合法，其信誉、履约能力等情况如何，合同条款和要件等的表述是否准确具体。所有这些问题都要一一仔细查对，才能有效清除有些精明人可能钻的法律空子。因此，在签约时刻要提高警惕性，防患于未然才是上策。

不怕烦琐，签约前谨小慎微

有些精明人在签订合同之前会有意无意地隐瞒一些事实，特别是关于其自身是否具备订立合同的主体资格方面的情况。这是一项很重要的事情，因此在签订合同的时候要十分重视，不怕烦琐，以小心谨慎为上。

首先，在签订合同时，要注意审查精明的当事人的营业执照。例如，该当事人是否具备签订合同的主体资格，该当事人的营业执照是否过期、是否做年审、是否被吊销等，必须认真进行审查之后才与其签合同。这样，才能避免造成所签合同没有法律效力或者在发生纠纷时难以追究当事人的违约责任。

其次，要注意审查该当事人的生产或经营能力和行为能力，以免造成所签合同的内容不符合法律或行政法规的规定。例如有的产品的生产、经营须特别许可或者经过国家有关部门批准，获得生产、经营资格，才能具备法律规定的经营能力，否则会因不具备这一能力而导致合同无效。

再次，要注意审查法定代表人的资格。例如要注意把对方所提交的法人代表资格证与营业执照互相对照，确定清楚该法人代表在任或者法人公章真实等情况才与之签合同，防止上当受骗。

最后，若是与委托代理人签订合同，还要注意审查该委托代理人的资格、权限。如委托代理人所持的授权委托书是否真实，所授权限与合同规定的权限是否相一致，代理权是否已过期或被取消等，只有注意这些问题，才不会给某些不怀好意的人留下可乘之机，同时也避免造成所签合同无效。

2000 年 5 月 28 日，北京 M 县一家知名的建材厂与 D 市建筑工程队签订了一份铝合金窗购销合同。合同规定：M县建材厂向D市建筑工程队供给5种不同型号和规格的铝合金窗250件，总金额25万元，M县建材厂于2000年7月20日前送货给D市建筑工程队，D市建筑工程队在收货后15日内付清货款。此外，合同还对产品质量、验收方法，包装和运输方式等条款作了规定。2000年7月18日，D市建筑工程队收到M县建材厂送来的铝合金窗后，立即向建材厂出具了收到铝合金窗250件的收条，并注明总金额为25万元。之后，D市建筑工程队仅于2000年7月29日付给M县建材厂货款13万元，余额12万元未付。同时，D市建筑工程队将所收铝合金窗全部委托给C市贸易有限公司销售，该公司以D市建筑工程队尚欠自己货款，其铝合金窗又不足抵偿其损失为由，对D市建筑工程队委托销售的全部铝合金窗予以留置。

M县建材厂为追索货款，递诉诸D市人民法院，要求D市建筑工程队支付其所欠货款并赔偿银行利息；D市建筑工程队则辩称：我方所收铝合金窗已被C市贸易公司留置，M县建材厂应向C市贸易公司索款，我方不承担付款责任。

D市人民法院经审理查明：D市建筑工程队虽有《企业法人营业执照》，但并无经销铝合金窗的经营范围，认定本案买卖合同为无效合同，D市建筑工程队对本案负主要责任；又查明M县建材厂在签订合同时将没有国家标准的产品签为一、二级标准，认为M县建材厂对自己的这种错误行为亦应承担次要责任。法院作出以下的判决：

（1）D市建筑工程队返还所欠货款12万元给M县建材厂；

（2）本案货款12万元的利息损失计1723.3元，由D市建筑工程队承担1206.3元，M县建材厂承担517元。本案诉讼费5500元，由D市建筑工程队承担3850元，M县建材厂承担1650元。

因此，在签订合同前一定要做好签约伙伴的审查工作。签订合同前的审查工作主要包括这四个方面：主体的资格审查、信誉审查、履约能力审查以及合同承办人的资格审查。

1. 主体的资格审查

在签订买卖合同之前，要认真审查合同的主体是否合格。如要查验单位的营业执照，要注意营业执照是否是伪造品或者是偷窃品，是否由工商行政管理部门核发，是否具备生产、经营的行为能力和权利能力。根据我国《民法通则》及其他民事法律的规定，法人依法成立，要有名称、组织机构和章程，有固定的经营场所和必要的设施；有符合国家法律规定并与其生产经营和服务规模相适应的资金数额和从业人数；能够自主经营、自负盈亏，独立承担民事责任；经主管机关核准登记。在审查法人的民事行为能力时，要看上述五个依法成立的要件是否齐全。

2. 信誉审查

在实践中，合同的主体合格并不意味着他们签订买卖合同之后就一定能真的完全按合同约定履行义务。如果对方的合同义务不能全面正确实际履行，当事人就不能实现签订生意即买卖合同的目的。

为了减少发生不必要的损失，在签订买卖合同之前，必须要调查对方当事人的商业信誉。信誉较好的当事人一般都能自觉信守合同，而信誉较差的当事人往往失信食言。

通过信誉审查，选择信誉较好的当事人作为签约伙伴，才是可靠的明智之举。

3. 履约能力审查

签订生意合同之前，要仔细调查对方的履约能力。否则偏听一面之词，很容易上当受骗。

对于卖方而言，依照买卖合同的约定，应负交付货物的义务和保证货物质量的义务。审查卖方的履约能力，可以通过审查对方的经营范围和经营方式进行，也可以实地参观审查。

对于买方而言，依照买卖合同的约定，主要应负交付货款的义务。审查买方的履约能力，可以审查买方的注册资金和归其所有的财产。

对于公民（包括个体工商户、农村承包经营户）而言，可以通过他所在单位以及他的亲戚、邻居、同学、朋友等熟人调查此人的履约能力。

对于法人而言，可以通过当地工商行政管理部门、上级主管部门等多种途径了解其是否具有履约能力。

4. 合同承办人的资格审查

个体工商户、农村承包经营户和公民签订买卖合同一般是由他自己亲自过问，而法人的业务活动通常是由法人代表来进行的，有时还要委托其他人经办买卖合同签订的具体事宜。生意合同的承办人无论是法人代表还是其委托的人，还是公民个人，其签约的法律后果由签约单位或个人承受。为避免给自己的单位或个人本身造成不必要的损失，在签订生意合同之前，一定要审查合同承办人的资格。

事实表明，一些精明人有时会从以上四个方面来做一些令人难以发觉的手脚，以便做出对他们自己有利却往往坑害他人的事情。为了防止被某些精明人所设下的圈套套住，在签订合同之前，要保持应有的警惕和谨慎态度，以防万一。

签订生意合同可谓字字千金。与一些怀有不轨之心的精明人签订合同时，尤其要格外小心。首先要查明他们是否具备签订相关生意合同的主体资格；其次要查证他们的信誉、履约能力等方面的实际情况，以便确保所签订合同的合法有效性。

品名准确表述，详尽具体

与精明人签订生意合同，尤其需要字斟句酌，准确表述。例如，产品的品名是合同中最主要的条款之一，产品的品名与产品的质量是密切相关的，产品因其品质而得名，产品品名反映了产品质量，产品品名不同，其品质也是不同的。因此，一定要详细写明，不可含糊或存在歧义。

在签订买卖合同时，特别是农副产品买卖合同，千万要注意准确表述产品的名称。要避免使用当地的俗称，防止发生纠纷时不好区别。例如，马鲛鱼，沿海很多地方称之为“黑鱼”，而内地有些城市却另有叫法；又如香菇，有干有鲜，水果有鲜有冻等，在合同中要作具体准确的表述，否则在发生纠纷时，会出现难以说清的局面。某些医药、化工试剂、食品等由于用途不一，质量要求不同，只有写清楚才不会导致在履约中发生纠纷。同一产品由于用途不同，生产的工艺和品位不一样，只有详细标明，才不会造成供货不符合使用要求，或者给卖方提供粗劣产品的机会。此外，还要注意写明产品的识别标志。例如，产品名称要注明牌号、商标以及品种规格、型号、等级、花色等，不要只写简称，而要注明全称，万万不可随意省略。否则，将会导致在发生合同纠纷的时候无从下手。因此，在签订生意合同时一定要写清楚产品的名称。

产品的技术标准是合同中对产品的质量要求，根据技术标准，卖方安排产品的生产，买方在接受产品时对产品进行验收，在发生纠纷时判定产品质量的责任归属。为此，在签订合同的时候，合同双方当事人往往要注意写明产品的技术标准和质量要求。在现实生活中，一些心怀不轨的精明人会利用买卖合同中质量条款的漏洞，以达到骗取对方财物的目的。

广东省某手推车制造厂与某施工队于2000年4月经双方主要负责人协商并签订了一份购销工用手推车100辆的合同。双方在合同中对标的、数量、规格、价款、履约期限、提货方式和地点都作了约定，但对质量要求和违约责任没作具体要求。手推车制造厂按合同条款规定于同年6月1日将其中60辆手推车交付施工队，施工队试用后发现组装车子的材料有问题，且焊接处有开焊现象，便将其中的20辆手推车退给手推车制造厂。7月1日，当手推车制造厂通知施工队将余下的车子提走时，施工队以手推车质量不合格为由拒绝受领，双方发生纠纷，诉至法院。

在上面的例子中，买卖双方所签合同显然是条款不完备。虽然在本案中发生纠纷是由于手推车制造厂生产的手推车质量不合格造成的，但是合同中无质量条款也是发生纠纷的另一个重要原因；如果买卖双方当初签订合同时明确约定手推车的具体质量标准，那么手推车制造厂也会严格履行其义务，发生纠纷之后也便于协商解决。

在签订买卖合同的时候，必须在合同中把产品的技术标准明确规定下来。另外在合同中要明确规定卖方对产品质量负责的条件和期限。对成套产品，在合同中要明确规定附件的质量要求。

对某些必须安装运转后才能发现内在质量缺陷的产品，除主管部门另有规定者外，合同中应具体规定提出质量异议的条件和时间。

实行抽样检验质量的产品，所采用的抽样标准或抽检方法比例也应该在合同中注明。同时要认真审核合同中的质量条款。审查质量条款要看产品的质量标准是否模糊不清，有无缺陷和错误。质量标准分为强制性质量标准和推荐性标准。保障人体健康、人身财产安全的标准和法律法规规定强制执行的标准是强制性标准，其他标准为推荐性标准。在家用电器、饮料酒类等产品的买卖合同中，必须审查有无规定强制性的质量标准。在有些农副产品的买卖合同中，如果质量标准以样品为准，也要在合同中注明，并且把样品保存好。这样既可以预防某些精明人的欺诈行为，又可以在发生合同纠纷时便于解决。

与精明人签订生意合同时，品名和质量要求等方面的精确细致表述丝毫马虎不得。若是因为嫌麻烦而写得含糊不清，这就为一些精明人钻法律的空子提供了便利。常言道：不怕一万，就怕万一。因此，我们还是多加小心为好。

数量和计量单位清楚明确

产品的数量是卖方应当交付给买方产品的总量，也包括在连续供货合同中每一批的数量，是买卖合同中最核心和最基本的条款，数量不明确就无法进行交易。与精明人签订生意合同，这些条款更需要一一写明。

在实践中，订立数量条款时，一般存在以下几个需要特别关注的问题。

1. 约定的数量不符合实际

标的数量是决定合同总金额的主要因素之一，数量越多，总金额就越大；相反，数量少金额也少。对于合同当事人来说，在订立合同时要确定数量，数量的多少，除了要考虑价格或酬金的因素外，还要根据各处的需要与可能，并不是数量越多越好。买卖合同的标的数量，卖方要考虑自己的供货能力，如生产经营规模或货源有没有保证等多方面因素，而买方则应考虑该批货物的销路以及货款的支付能力等。在实践中，有的当事人不注意合同约定的数量是否符合实际，盲目签订数量很大的合同，脱离了自己的需要与可能，造成不良后果。一方面，合同标的数量超过了自有资金或已有资源，又没有正当渠道筹集到资金和货源保证，这样的合同就会因当事人一方无实际履约能力而被确认为无效合同；另一方面，即使合同有效，但所订的数量与自己的履约能力不相适应，在合同规定的履约期限内，卖方不能按期供货或买方收了货付不了款，也会构成违约，要承担违约责任，达不到签合同的预期效果。类似这些情况是要坚决杜绝发生的。

2. 数量不具体

数量是衡量标的大小的计量尺度，必须是具体的、明确的。

实践当中，约定数量不符合要求的情况时有发生，一般有以下几种情形：

（1）采用模糊的提法，如“按库存数量交货”“买方要多少交多少”，这样的约定是不确定的，容易发生扯皮现象。

（2）数字误写。如有的合同本来数量为1000箱，却误写为10000箱，如果这种情况没有其他条款或证据表明，在发生纠纷的时候会出现有口难辩的情况。

3. 数量条款不使用法定的计量单位

计量单位是标的数量的构成要件，只有数字而没有计量单位，没有办法确定数量。在实践中，有很多合同纠纷是由于合同中使用不符合国家规定的计量标准和方法，或者使用含混抽象的计量概念造成的。

内蒙古某贸易公司与实业公司于2000年6月5日经双方负责人充分商讨，签订了旧西服买卖合同。合同规定：由某贸易公司向某实业公司销售旧西服，数量200包，质量为八成新，无破口，每包500元，共计价款100000元。交货日期为2001年8月8日前，分两批交清。交货地点为××车站。双方交接顺利，实业公司在7月20日通过银行汇款50000元。同年12月5日，贸易公司第二批货到，实业公司在验收时发现第二批西服不但达不到合同中规定的八成新的标准，而且每包都比原来第一批所交的包小。

为此，实业公司拒绝接收货物，双方协商未决，诉至法庭。

在以上案例的数量条款中，“包”不是一个符合国家规定的计量单位。因为包有大有小，容量不一，在质量条款中，双方的协定只简单笼统地写了“八成新，无破口”，对于一般的质量要求也没做规定，这样的合同很明显是存在漏洞的。

在签订合同的时候要注意审查数量条款。审查数量条款，主要审查数字、计量单位、计量方法。要审查数字是否准确，计量单位是否属于国家法定计量单位，计量器具是否经过合格检定。对于有些产品根据自身的性质要审查在数量条款中有无规定正负尾差、合理磅差、在途自然增减量和超欠幅度。对于机电设备，要审查在数量条款中有无规定主机的辅件、附件、配套产品、易损耗备品、配件和安装修理工具。对于成套产品，要审

查有没有写清楚成套供应范围，对方是否提供了成套供应清单。

与精明人签订合同，以上所说的每个要点都应具体写明，坚决防止产生不必要的麻烦。

商品的数量和计量单位是签订生意合同一个不可或缺的要素。为了避免不必要的麻烦，与精明人在签订合同时要一再查对，把有关商品数量和计量单位的情况确实描述具体清晰，不留有任何可能产生纠纷的隐患。毕竟，预防胜于事后补救。

合同期限、地点详细规范

在与精明人签订合同时，履行合同的期限和地点写得要详细规范。特别是有关产品的交货及接收期限一定要白纸黑字写明，不可出现差错。

在履行合同的实践中，出卖人与买受人常常围绕出卖人是否构成逾期交付发生争议。因此，产品的交（提）货期限必须在合同中明确规定，不能言辞模糊，避免产生纠纷。同时应当注意在当事人约定交付期限或交付期间的情况下，标明该期限如何确定或该期间如何计算。

浙江 W 市机床厂与 W 市钢窗厂于 2001 年 12 月签订一份购销合同，合同规定：机床厂为钢窗厂制造直径 250 高率焊管机 1 台，价格 34 万元；2002 年 5 月底交货，预付货款 30 万元，提货时付 4 万元；产品质量实行三包，安装机器时机床厂帮助调试等。合同签订后，钢窗厂预付机床厂货款 30 万元。机床厂自 2002 年 7 月上旬陆续交货，到同年 11 月 20 日，主机和辅机等配套设备全部交完。钢窗厂安装时，因牛皮垫件不够用，于

2003年3月下旬和4月7日，两次去机床厂取牛皮垫件700多个。机床厂多次催促钢窗厂给付余欠货款，钢窗厂以机床厂延期交货138天造成严重损失为由，拒绝给付。

机床厂于2003年9月诉诸W市中级人民法院，要求钢窗厂偿付货款不足部分和银行利息，机床厂承认未按合同规定时间交货，但又提出直径250高率焊管机是单台制造，配套设备有委托其他单位加工部分，故拖延了工期，合同又未按规定提前或延期交货的奖惩条款，钢窗厂余欠的4万元货款应予承付。钢窗厂提出反诉，认为购买机床厂该设备的资金来源是建设银行专项贷款，计划投产后以赢利偿还，由于机床厂不按期交货，造成计划落空，损失很大，故以机床厂4万元货款弥补损失。

W市中级人民法院认为：机床厂对延期交货应承担违约金；机床厂预收货款30万元，在延期交货期间，属于占用钢窗厂资金，应按流动资金贷款利率计算利息，返还钢窗厂。经调解，机床厂认识到了延期交货的责任。经众方协商，机床厂同意承担延期交货违约金17646元；返还延期交货期间占用钢窗厂资金30万元的利息18660元；偿付牛皮垫件延期交货的违约金3694元。以上三项合计为4万元，与钢窗厂反诉要求赔偿损失的款额相等。在此情况下，机床厂申请撤诉，钢窗厂亦表示同意。W市中级人民法院考虑到双方争议的事实已经查清，是非责任已经明确，纠纷实际已经解决，故书面裁定准予机床厂撤诉。

关于交付期限，如前所述，它是指合同当事人约定的一个具体的时间，如买卖双方在合同中约定，出卖人应于3月5日在某车站向买方交付买方所购化肥，则3月5日即为交付期限，不能提前或者延期交货。

买卖合同当事人约定了交付期间的，则应依据有关法律规定的方法计算该期间。根据我国《民法通则》第154条规定，民法所称的期间按照公历年、月、日、小时计算。规定按照小时计算期间的，开始的当天不算入，从下一天开始计算。期间的最后一天是星期日或者其他法定休假日的，以休假日的次日为期间的最后一天。期间最后一天的二十四点为截止时间。有业务时间的，到停止业务活动的时间截止。此外，根据最高人民

法院《关于贯彻执行〈民法通则〉若干问题的意见（试行)》的有关规定，当事人约定的期间不是以月、年第一天起算的，一个月为三十日，一年为三百六十五日。期间的最后一天是星期日或者其他法定休假日，而星期日或者其他法定休假日有变动的，以实际休假日的次日为期间的最后一天。按照日、月、年计算期间，当事人对起算时间有约定的，按约定办理。

另外，产品的交货地点是合同中的履行地点，它在合同中具有十分重要的意义。

第一，履行地点直接关系到合同履行的时间、履行的费用开支，合同约定了履行地点，如一方不按约定的地点履行，自行变更履行地点造成了经济损失要承担责任，卖方发货到错误的地点由此产生的一切费用应由卖方承担。履行地点不明确或者搞错往往也会拖延合同的履行期限。

第二，履行地点是判断合同当事人是否违约的一种标志。如果合同一方不按约定的地点履行义务，对方可以追究其违约责任。

第三，履行地点还关系到合同发生纠纷由哪个法院管辖。《民事诉讼》法第 24 条规定："因合同纠纷提起的诉讼，由被告所在地或合同履行地人民法院管辖。"可见，履行地点是确定合同案件管辖的标志之一，最高人民法院有关司法解释进一步明确，合同约定履行地的，约定优先。因此，一旦合同双方约定了合同履行地点，也就确定了合同纠纷的管辖地。相反，如果合同没有约定履行地点或约定履行地点不明确，双方有可能发生管辖权的争议。在实践中，当事人相互争管辖权，主要原因就在于合同没有明确约定履行地点。

在约定合同履行地点时应注意两点：

第一，应选择对自己有利的履行地点，在买卖合同中，当你作为卖方当事人时，你应争取把履行地点放在发货地，作为买方也一样，应争取以收货地点作为合同的履行地点，这样即使在价款或运杂费上自己多承担一点，但对于避免承担标的物的风险责任以及争取案件的管辖权是有很大的益处的。

第二，履行地点应写详细。切莫简写，跨省、地、县时，应在履行地点前面分别冠上省名、地区或市名、县名，在一定范围内有重复地名、站名的，更不能简写，否则会搞错交货地点，造成不必要的损失。

综上所述，即与精明人签订生意合同，千万要记得把履行合同的期限和地点写得明确具体，以免给自己带来各种麻烦或损失。

合同履行期限和地点等涉及生意交易的时间进度和成本等利益因素。因此，与精明人签订合同要特别留心，并认真了解有关法律规定，从而把合同履行期限和地点等写得清楚无误，力求使合同得到准确有效的执行，也为合同双方带来实际的经济效益。

价款和支付方式精确无误

在生意合同的履行过程中，围绕标的物的价款支付问题而产生的纠纷比较常见。在实践中产生的纠纷包括关于价款支付数额的纠纷以及关于价款的支付时间和支付地点方面的争议，尤其是在双方当事人就价款的支付数额、时间、地点未作约定或者约定不明确的情况下，更是如此。因此，上述三方面无疑是我们在与精明人进行生意合同的订立和履行过程中最应当注意的问题。

1. 标的物价款的支付数额问题

在买卖合同中，买受人的一切主要义务是按照合作约定的数额支付价款，标的物价款通常分为单价和总价款，总价款为标的物的数量与该单价乘积，当事人不能证明总价属优惠价的情况下，产生争议时原则上应以单价与标的物数量的乘积所得出的数额为准。除有关法律法规规定应执行政策定价或政府指导价的情形外，如何确定标的物的价格和价款总额属于当事人自由约定范围之内的事项。

由于标的物价款是买卖合同的双方当事人共同关注的核心问题。因此双方在合同中对价款一般都会作出较明确的约定，约定不明确甚至不作约定的情形是比较少见的。但有些情形的约定，如在远期交货买卖中，对方当事人会因标的物价格浮动而决定在合同中规定一个确定价格的原则。

买卖合同双方当事人在约定价款时，还应就支付方式、价格条件来作出约定，如支付方式在实践中一般包括汇款、托收、信用证、银行转账、直接现金支付等。在实践中还要约定清楚由哪一方当事人承担标的物的运输费、保险费、装卸费等费用。

2. 标的物价款支付的地点问题

买卖合同的买受人支付价款的地点与双方当事人的利益密切相关，显然，买受人在自己一方的营业地支付价款，其承担的费用少且风险较小；反之，如果买受人须在出卖人营业地支付价款，其承担的费用就相对较多且风险也较大。因此买卖合同的双方当事人往往会在合同中就支付地点作出约定，买受人应当按照约定的地点支付价款。

在买卖合同双方当事人对价款支付没有约定或者约定不明确的情况下，双方当事人应通过协商达成协议，不能达成协议的，则应按该买卖合同的有关条款或者交易习惯确定。采用上述方法仍不能确定的，买受人有义务在出卖人的营业地履行支付价款，但在买卖双方的约定支付价款以交付标的物或者交付提取标的物的单证为条件的情况下，买受人应在出卖人交付标的物的所在地或者交付提取标的物的单证的所在地履行支付义务。

3. 标的物价款支付的时间问题

根据《合同法》第161条的规定：买受人应当按照约定的时间支付价款。实践中，买受人因某种原因拖延支付价款而引起的纠纷比较常见，显然，在买卖合同就支付价款的时间明确作了约定的情况下，买受人如果拖延支付，除符合法定或者当事人约定不予负责的情形外，应负迟延履行的违约责任，不但要向出卖人支付迟延履行的逾期利息，在造成出卖人损失的情况下还应赔偿损失。

在当事人在买卖合同中没有对标的物的价款支付时间作出约定或所作约定不明确的情况下，应依《合同法》和《民法通则》的有关规定确定支付时间，即当事人应尽可能通过协商达成协议，协商未果时应依合同其他条款或交易习惯确定，仍不能确定的，则买受人应当在收到买卖合同标的物或者提取标的物单证（如仓单、提单等）的同时向出卖人支付价款。

河南K县5569户玉米种户（以下简称玉米种户）与K县种子公司（以下简称种子公司）于2003年9月24日签订了63份玉米制种购销合同。合同规定：①种子公司负责制种技术指导，及时提供制种亲本种子、制种所需标准氮肥（每亩为150市斤）、柴油、薄膜、农药等。②2004年的玉米种成熟后，种子公司按兑换或议价的办法收购玉米种。兑换，每斤玉米种换9斤稻谷；议价，每斤玉米种甲级为2.05元，乙级为2元，玉米种收购完毕，种子公司在20天内，按合同规定的价格，付清价款。③玉米种户应听从种子公司统一指导，以村民小组统一规划隔离区，统一制种田的播种时间，统一规划父本育苗点，统一母本催芽分户播种，统一时间交售玉米种。④一般玉米与种玉米相互间距必须在5丈以上，在隔离区内栽种其他玉米，种子公司有权割除，损失由玉米种户自负。⑤制种田当年小春作物只准种油菜，不准种小麦，不准用冬田作制种田。⑥玉米种纯度必须达97%以上，如杂株超过5%，种子公司有权罚款。⑦玉米种交售前，用清水选种，做到一干、二净、三饱满、四无黑粉病粒。⑧玉米种户自用种，不得超过制玉米种总产量的5%，除自用种外，其余全部交种子公司收购，玉米种户不得外流串换，否则种子公司将对每亩制种田罚款50~200元。

合同签订后，玉米种户严格按合同规定进行制种生产。至2004年7月31日，种子公司在收购玉米种前，未与玉米种户协商修改合同，却代K县人民政府起草了《关于今年两杂（杂交水稻、杂交玉米）种子收购有关问题的通知》，对议价收购杂交玉米种子价格规定为：甲级每斤1.59元，乙级每斤1.55元。8月，种子公司按上述通知规定的价格收购玉米种。玉米种户对种子公司违反合同、擅自降低收购价格不满，3天交售玉米种不到

30000 斤。种子公司见此情况，便向玉米种户宣传玉米种要提价收购，并通过行政手段向玉米种户施加压力，警告玉米种户如外流串换玉米种，要按合同规定罚款。因此，玉米种户积极向种子公司交售玉米种，10 天内共交售甲级玉米种 635833.8 斤，乙级玉米种 1001.5 斤，甲级占 99% 以上，完全符合合同规定的质量标准。在绝大多数玉米种户交售玉米种后，种子公司不按合同规定付款，坚持按“通知”规定的价格付款，并决定将分别有 8 年、2 年种子基地历史的稻种户所在的乡不再作为种子基地。

玉米种户诉诸 K 县人民法院，要求种子公司按《合同法》办事，赔偿因种子公司擅自降低玉米种价格使他们少收入 292934 元的损失，偿付违约金和因种子公司违约给玉米种户造成的误工、车旅费用，并提出制种基地不应变更。种子公司则辩称：①合同规定的玉米种价格违反了县政府文件的规定，故该合同无效；②收购玉米种时，市场玉米种价格已下降，如按合同规定价格履行合同，种子公司按此价格加上利润出售，将使更多的用种农户受到损失，损害了公共利益，故合同亦应无效；③曾告诉玉米种户要降低玉米种收购价格，玉米种户自愿制种，自觉出售，应视为玉米种户实际上同意变更合同价格。故种子公司不负任何责任。

受理法院经审理认为：玉米种户与种子公司签订的玉米制种购销合同有效；种子公司未经协商单方面以行政手段改变合同规定的玉米种收购价格，属违约行为。

在法院主持下，双方当事人自愿达成如下协议：

（1）玉米种收购价格由种子公司每斤补给 0.14 元，即甲级改按每斤 1.73 元，乙级每斤 1.69 元。种子公司应补付 1569 户稻种户 89156.9 元。

（2）由于种子公司违约，按延期付款总额每日万分之三计算，应付延期违约金 18000 元；玉米种户作了让步，只要求对方赔付因此事造成的车旅费及误工补贴费，故由种子公司付给玉米种户违约金 4000 元。

（3）玉米种户尚未交完的 1600 斤玉米种，按合同规定的质量交售；种子公司按本协议规定的价格付款。本案诉讼费 4906.61 元，由种子公司承担。

可见，在签订合同的时候一定要审查支付条款。审查支付条款，要审查支付时间、支付方式和支付地点。还要审查预付款或定金的支付，防止某些精明人利用签订买卖合同骗取预付款或定金。要审查支付时间是否明确具体到日期，而结算时间往往关系着是否延期付款和货款利息问题。某些精明人能成功地利用签订假合同进行欺诈，主要的原因是支付方式和支付时间没有约定清楚。

另外，合同中应明确拒付货款的条件。其条件可以单独列明，也可以分散记载在各个具体条款中，但必须明确是部分拒付还是全部拒付。一般地说，部分拒付的条件可以是：结算凭证或者发票所列的价格与合同规定不符，可以拒付差额部分；还有多发的产品，买方不需要的货物的货款以及其他与合同规定不符的款项，都可以成为部分拒付的条件。全部拒付的条件可以是：全部货物的质量或标的物不符合合同的规定，或者是卖方不按合同规定的交货期交货，或者其他违反合同规定的交货行为所要求支付的货款，都可以成为全部拒付的理由。

价款及其支付方式、时间和地点等是生意合同中十分敏感的要素。与精明人签订合同，尤其要把这些要素一笔一画、逐字逐句填写准确清楚，容不得丝毫疏忽大意。因为价款的书写一旦出现错误，则失之毫厘，谬以千里，后果相当严重。

验收方式不可疏忽

买卖合同双方当事人之间常常因为出卖人交付的标的物是否符合约定

问题而发生纠纷，尤其是当事人在合同中就检验条款疏于约定，买受人收货后怠于检验，或检验后怠于通知的情况下，双方更易发生争议，这也是某些精明人借以混水摸鱼的伎俩之一。因此，在买卖合同订立及履行过程中，为了保证合同标的物的质量达到规定标准，必须进行产品的验收。在约定验收条款时，应当注意以下几方面的问题：

1. 在买卖合同中就标的物检验作出约定

毫无疑问，只有经过检验，买受人才能知道出卖人所交付的标的物是否符合约定。除双方当事人另有约定外，买受人有检验所收到的标的物的权利，而检验的结果对双方当事人利益影响也至关重要，为避免履行中和履行后双方发生不必要的纠纷，买卖合同的双方当事人应在合同中明确规定检验条款中应包括检验地点、检验时间、检验主体、检验费用的承担、检验的方法等内容。一般情况下，除当事人另有约定外，检验标的物的地点应该是合同中约定的交付标的物地点，而检验时间则通常是标的物的交付时间，但双方根据需要也可约定检验时间为标的物运出卖方营业地时、装运时、卸载时或到达买方营业地时；关于检验主体，在出卖人信誉良好的情况下可以约定由出卖人自行检验并出具合格证书，也可约定由政府商检机构、双方共同认可的民间检验机构或由买受人自行检验；关于检验费用，通常采用的方法则是，如标的物经检验合格，由买受人承担，反之则应由出卖人承担并负相应的违约责任。此外，买卖双方还应就检验标的物的方法作出约定，检验标的物的方法通常依标的物自身的性质、特点和复杂程度而定，对于一些技术含量较高的标的物还应约定出卖人提供检验所需的必要的技术资料。

2. 买受人应当及时检验

所谓及时检验，是指买受人应当不加拖延地对标的物进行检验，并在合理期限内将检验结果告知出卖人。

3. 买受人对标的物数量和质量提出异议的期限

根据《合同法》第158条的规定，买卖合同的买受人在对出卖人所交付的标的物实施检验后，如果认为标的物的数量或者质量不符合合同约定，应及时通知出卖人。

买卖合同双方当事人在合同中约定检验期间的情况下，买受人应在该约定期间内将标的数量中质量不符合同的情形通知出卖人，否则，如果买受人没有在该约定期间内通知出卖人，则视为买受人默认出卖人提供的标的物的数量或质量符合合同约定。

在当事人没有就标的物检验期间作出约定的情况下，买受人应当在发现或者应当发现标的物的数量或者质量不符合约定的合理期限内通知出卖人。所谓应当发现，是指买受人在对标的物进行正常的检验的情况下可以发现标的物存在的质量、数量瑕疵。

而合理期间则是指根据一般的交易习惯，结合标的物的性质和特点对该标的物实施正常检验所需要的时间。一般情况下，对于标的物存在的数量和表面瑕疵，买受人比较容易发现，因此买受人提出异议的合理期间应比较短，通常为15天或一个月，而对于标的物存在的缺陷瑕疵，甚至有些瑕疵须经在使用标的物过程中才能发现，则买受人提出异议的合理期间就相应较长。

买受人在合理期间内未就标的物数量、质量瑕疵通知出卖人，或者自标的物收到之日起两年内未向出卖人提出异议的，视为出卖人交付的标的物的数量或质量符合约定。但另外，由于前述的两年期限属任意性规定，因此如果出卖人对标的物有明示的质量保证期的，适用该质量保证期而不适应两年期限的规定。买受人在出卖人所承诺的质量保证期未提出异议的，视为默认标的物符合合同的约定。

2004年1月初，河北永安公司承接了一项安装门的工程，由于活多时间紧，永安公司把一部分做门的工作交给了防火门窗厂。双方签订了两份合同，约定防火门窗厂给永安公司加工实木门，总计价值6.7万元，付款方式为：合同签订时预付总金额的30%，货物到达的第二天支付总金额的95%，余下5%的质保金一年内付清，并约定了交货日期和验收标准。永安公司给付了预付款2万元。防火门窗厂加工完毕后，应永安公司的要求，在双方约定的送货时间，将实木门送至指定工地，永安公司接收了实木

门。该门于一周内表面油漆并被安装投入使用，永安公司欠货款4.7万元一直未付。故防火门窗厂起诉，要求永安公司付款。诉讼中，永安公司提出防火门窗厂所交付的实木门存在插接缝处不平、边框有掉角现象，有的门正面有大疤结、颜色深浅相差过大等质量问题。防火门窗厂则认为当时永安公司把实木门收下已经使用，现在再提质量问题不妥。

法院认为，双方签订的订做合同，体现了双方的真实意思，双方应当按约履行。合同中双方没有明确约定检验期间，永安公司应在发现质量问题的合理期间内向防火门窗厂提出。永安公司表示在防火门窗厂交付订做物（标的物）时，即发现了订做物的表面瑕疵，但永安公司没有证据表明其及时向防火门窗厂提出。并且永安公司接收订做物后在短时间内进行表面油漆并安装使用，应视为认为防火门窗厂交付的订做物质量符合约定。因此永安公司应支付货款。

因此，在签订生意承揽合同的时候，要注意审核验收条款。在签订这一条款时要尽可能的具体、明确。一定要写明其验收标准和具体验收办法以及验收的期限、地点、发现问题的处理方法等。一般来说，订做方有技术资料、图纸的，要按照所提供的技术资料和图纸规定的标准验收；有些内容技术资料和图纸中没有的，而当事人又另有约定检验标准的，按当事人约定的验收，但要在合同中明确规定。对需要经过一定时间的使用或放置才能发现内在的质量缺陷的，应规定保证期限。同时在合同中明确规定在保证期限内，不是由于订做方使用不当而出现质量问题的，承揽方要承担修复、退换的责任。检验的地点通常由双方约定，例如约定在承揽人的工作地或者订做人所在地。

订做物的检验方法是指由谁验收，以及如何验收的问题。一般验收方法有以下几种：由承揽方自行验收、订做方派员参加验收、订做方接受订做物时自行验收、委托有关质量监督部门验收等。

到底是采用哪一种验收方法要在合同中明确规定，同时还要规定在明确了验收期限后，订做方应按合同规定的期限依时验收承揽方完成的工作成果或者订做物。验收前承揽方应当向订做方提交必要的技术资料和有关质量证明。

由上可知，与精明人签订合同时，如果涉及产品验收，就要明确产品验收的主体、时间、地点、方式、标准等，最大限度防止纠纷的产生。

产品验收通常是履行合同一个不可忽略的环节。验收的办法、方式以及验收的结果跟合同履行的后续情况息息相关。因此，与精明人签订生意合同，要明确验收的相关事项，不要有任何遗漏和模糊的现象存在。

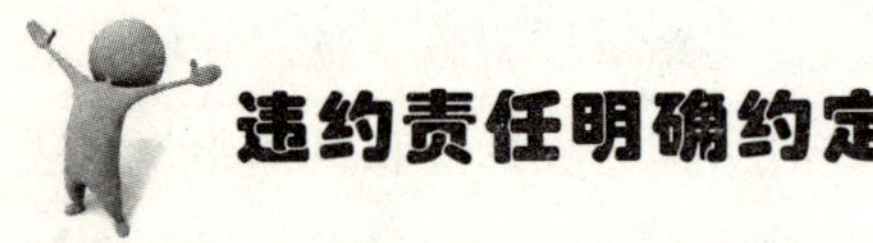

违约责任明确约定

违约责任是指合同当事人不履行或者不完全履行合同规定的义务所应承担的法律责任。违约责任是制裁违约当事人的法律手段。在合同中约定违约责任条款，目的是为了维护合同的严肃性，督促合同当事人重合同、守信用，全面地履行合同。一旦发生违约行为，也便于按合同的约定追究违约方的法律责任。因此违约责任是所有合同必不可少的条款。与精明人签订合同，违约责任更需要明确约定。可在实践中，有些合同当事人对这一主要条款尚未引起足够重视。这主要表现在：

第一，担心订立违约责任会影响双方的信任关系，或者轻信对方会履行合同，因而错误地认为无必要事先约定违约责任；

第二，急于签订合同，不敢提出违约责任，害怕提出违约责任条款后双方不能达成协议；

第三，笼统地约定"双方要恪守合同，不得违约"，或者"合同生效

后，如一方违反合同，应承担法律责任”，而没有明确违约责任的范围及承担违约责任的形式，以致等同于没有约定；

第四，有的合同违约责任条款中是只针对一方当事人，或者承担违约责任大小不对等，违背了公平原则，此外有些合同违约金的约定不符合法律规定，明显超出法定幅度。

在生意合同中，该怎样约定违约责任条款呢？根据《合同法》及有关条例、司法解释的规定，一般应注意以下几个方面的问题。

第一，违约责任应包括两部分，一是在合同履行中可能出现的违约情况，二是一旦发生了这种违约情况时，违约方应承担的责任。

前者是假定条件，后者是结果，假定条件可以针对整个合同，也可以针对其中某项条款，结果可以是一种责任，也可以是多种责任方式并用，这些都是由双方当事人根据合同的具体情况来共同商定。

在议定违约责任条款时，一方面要写明在何种情况下算是违约，另一方面要明确某种违约情况出现时，违约方承担责任的方式及责任大小范围。

第二，约定违约责任应对合同双方一视同仁，不要订立只针对某一方当事人的违约责任条款，否则，该条款会因显失公平而无效。此外，双方承担责任的大小也应对等。

第三，违约金的约定既要体现双方当事人的意愿，又要符合有关法律规定。违约金是订立合同的一方或双方当事人不履行或不完全履行合同时，根据法律或合同约定向对方支付一定数额的货币。

违约金一般是由当事人协商确定的，但当事人在行使自行约定的权利时，必须在一定的范围内行使，不能随意滥用。从法律上讲，违约金一般分为法定违约金和约定违约金两大类。凡是法律法规明确规定的违约金属于法定违约金，而由当事人自行约定的违约金属于约定违约金。我国有关经济合同实施条例或实施细则将违约金分为四种：

· 固定计算标准的违约金；

· 浮动比例违约金；

·合同条例或细则规定了违约金的数额但又允许当事人在合同中另行约定的违约金；

·完全由当事人自行约定的违约金。

毫无疑问，违约责任是合同中一个很重要的条款，可是有的合同当事人在谈妥合同的主要内容后往往忽视了违约责任以及对争议的解决方式的约定。在合同中既不对履行中双方的违约责任作出详细规定，也没有写明发生争议时是采用仲裁还是采用诉讼方式来解决争议，造成在发生纠纷后，一方要求起诉，另一方要求仲裁的情况，拖延了解决问题的时间。

2002年12月20日，某市万方房地产开发公司（以下简称万方公司）与某省矿山测绘院（以下简称矿测院）签订2.5平方千米的1：500比例尺地形图测绘合同。合同规定，万方公司的2.5平方千米1：500比例尺地形图测绘由矿测院承担，2003年4月1日测绘外业工作开始，同年8月30日前交清全部成果成图资料，价款每平方千米28000元，总价款7万元，万方公司在4月30日前向矿测院预付总价款的40%计28000元，余下待矿测院交清全部成果成图资料后一个月内一次付清。2003年3月20日，万方公司以资金周转困难为由要求合同延期6个月履行，即2003年10月1日开始外业测绘工作，2004年2月底前交清全部成果成图，矿测院表示同意。2003年9月10日，万方公司又以经营不善严重亏损，无力大片开发为由，提出解除合同。矿测院认为万方公司单方违约，要求万方公司承担违约责任，支付违约金。万方公司以合同中没有规定违约责任为由，拒绝承担责任。为此，双方发生激烈争执，相持不下，最后矿测院向法院提起诉讼，请求法院判决万方公司单方解除合同违约，承担违约责任，支付其合同总价款30%的违约金21000元。万方公司在答辩中承认了自己的违约事实，同意承担部分违约责任，但不同意矿测院提出按合同总价款30%支付违约金，只同意按合同总价款的10%支付。一审法院经调查核实，确认合同有效，万方公司单方解除合同违约，承担单方违约责任，判决万方公司支付矿测院违约金14000元，万方公司不服，提出上诉，二审法院认为一审法院认定的事实清楚，适用法律正确，判决适当，裁定驳回万方公司的上诉，维持原判。

因此在与精明人签订合同的时候，要明确、具体地对双方在履行合同中的违约责任作出规定。例如，我国《加工承揽合同条例》已对违约责任作出了列示，但是各个具体合同各有其具体特性，因此在条例中所列的情况不可能包括所有的承揽合同的违约行为，所以，当事人应根据具体合同订明违约行为及其法律后果。特别需要指出的是要在合同中规定违约金的偿付比例。比如承揽方逾期交付订做物应偿付的违约金，以及违约金是依据订做物的总价款的百分比来偿付还是依据承揽合同酬金总额的百分比来偿付，这些要在合同中明确规定。

违约责任是合同中为了“以防万一”而必须写明的要件。诚然，绝大多数人都不愿意看到违约行为的发生，可许多时候不同程度的违约行为难以避免。而与精明人签订生意合同，写明违约责任可以起到震慑和压制他们不良企图的作用。